Diferencias regionales
en España
y Unión Monetaria
Europea

JOSÉ VILLAVERDE CASTRO

CATEDRÁTICO DE FUNDAMENTOS DEL ANÁLISIS ECONÓMICO
DE LA UNIVERSIDAD DE CANTABRIA

Diferencias regionales en España y Unión Monetaria Europea

EDICIONES PIRÁMIDE

COLECCIÓN "ECONOMÍA XXI"

DIRECTOR DE LA COLECCIÓN:
Antonio Pulido
Catedrático de Economía Aplicada

Diseño de cubierta: Mirambo

© José Villaverde Castro
© EDICIONES PIRÁMIDE, S. A., 1999
Juan Ignacio Luca de Tena, 15. 28027 Madrid
Teléfono: 91 393 89 89. Fax: 91 742 36 61
Depósito legal: M. 43.880-1998
ISBN: 84-368-1292-1
Printed in Spain
Impreso en Lavel, S. A.
Polígono Industrial Los Llanos. Gran Canaria, 12
Humanes de Madrid (Madrid)

Para mi madre. In memóriam.

Índice

Introducción

La organización político-administrativa de España experimentó un cambio trascendental como consecuencia de la aprobación y entrada en vigor de la Constitución de 1978. La decisión política, no exenta de racionalidad económica[1], de proceder a la implantación de un escalón de gobierno intermedio, comprendido entre los clásicos niveles central y local, supuso el advenimiento de lo que hoy conocemos como el «Estado de las Autonomías», un hecho que, sin lugar a dudas, y a través del establecimiento de un nuevo marco institucional, constituye uno de los rasgos más singulares y definitorios de la todavía joven democracia española.

Aunque es evidente que en nuestro país siempre ha existido un cierto grado de concienciación regional, autonómica o nacionalista, que ha variado notablemente en función de épocas y circunstancias históricas, es un hecho indiscutible que el establecimiento y consolidación del Estado de las Autonomías ha contribuido a fomentar, de manera decisiva, todo lo relacionado con el fenómeno autonómico.

Desde una perspectiva estrictamente económica, este nuevo sistema de ordenación político-administrativa ha supuesto, entre otros efectos de no menor importancia, una notable revitalización del interés ge-

---

[1] Aunque la racionalidad económica de una decisión de este tipo es, hasta cierto punto, objeto de controversia, creemos que los argumentos resumidos por Sevilla (1997), en su estudio sobre la economía española ante la moneda única, son interesantes y merecen ser tenidos en cuenta. Estos argumentos están relacionados con la capacidad de las autoridades subcentrales *para producir y ofrecer servicios diferenciados, más acordes, en cantidad y calidad, a la demanda concreta de sus ciudadanos, que puede ser —y a menudo lo es— distinta según las regiones.*

neral (tanto de los políticos y agentes sociales como de los ciudadanos de a pie) por el conocimiento de la realidad económica de todas y cada una de las regiones españolas, individualmente consideradas, así como por la comprensión certera de cuál es el lugar que ocupan, la ubicación específica de éstas, no sólo en el contexto nacional, sino también en el europeo. En este último aspecto, el concerniente a la posición relativa ocupada por cada comunidad autónoma en toda una serie de variables macroeconómicas (en particular en materia de renta y mercado laboral), una de las cuestiones más debatidas en los últimos años es la relacionada con el nivel y la evolución de las disparidades regionales, debate que se sustenta no sólo en la creencia de que —más allá de cierto umbral, siempre difícil de definir, pero fácil de percibir— las desigualdades espaciales (como las personales) no son éticamente aceptables, sino también en la intuición de que lo que suceda con las mismas en el futuro constituirá un elemento fundamental —quizá pueda llegar a ser el factor decisivo— para que se pueda lograr, o no, la ansiada cohesión económica y social dentro de nuestras fronteras.

Ahora bien, al tiempo que se producían todos estos fenómenos de índole autonómica, otro hecho de no menor relevancia y calado para el futuro político y económico de nuestro país tuvo también lugar. Tras los iniciales escarceos, y después de un proceso negociador que fue arduo, lento y lleno de sinsabores, España firmaba el Tratado de Adhesión a la entonces Comunidad Europea en junio de 1985 y se integraba de pleno derecho en la misma con fecha 1 de enero de 1986. Se conseguía así, al menos *de iure*, formar parte de esa Europa, allende de los Pirineos, tan apetecida por los españoles en la mayoría de las ocasiones y tan denostada, a su vez, de cuando en cuando.

Pues bien, al igual que sucediera con los demás miembros comunitarios, aunque en nuestro caso esto quizá se haya podido mostrar con algo más de intensidad que en otros países, la pertenencia de España a la Unión Europea (UE) ha supuesto cambios importantes en muchos aspectos, cambios que se han manifestado incluso desde una perspectiva regional. En concreto, el hecho de que España disfrute de un nivel de desarrollo económico manifiestamente inferior al existente en promedio en Europa, unido al no menos relevante de que la práctica totalidad de las regiones españolas se encuentran, asimismo, menos desarrolladas que la referida media europea (dependiendo de la fuente estadística utilizada, la comunidad autónoma de Baleares tiene una renta por persona ligeramente mayor o menor que la media comunitaria;

el resto de las regiones españolas disfrutan, por el contrario, de niveles de renta per cápita netamente inferiores a la referida media), ha dado lugar a que nuestro país se haya hecho acreedor a la recepción de sustanciales ayudas financieras de la UE, tanto a través de los Fondos Estructurales y del nuevo Fondo de Cohesión como a través de otros instrumentos comunitarios, lo que ha supuesto que, tomado en su conjunto, el saldo financiero entre España y el presupuesto de la UE haya sido altamente favorable para nosotros entre 1986 y 1996.

Como es de sobra conocido, la finalidad última de la existencia y aplicación de estas ayudas financieras —sobre todo de las que se instrumentan a través de los Fondos Estructurales y del Fondo de Cohesión— es la de contribuir a reducir las disparidades regionales y nacionales que persisten en el ámbito comunitario, primordialmente porque se estima, con una buena dosis de razón, que de no avanzar de forma aceptable (o, cuando menos, no retroceder) en materia de cohesión económica y social dentro de la propia UE, los procesos de consolidación de la misma (tanto en el sentido de ampliación hacia el Este como de profundización del fenómeno integrador) pueden alargarse demasiado en el tiempo e incluso llegar a tener un final inesperado e indeseado.

Entre estos procesos de consolidación integradora, probablemente el más relevante y atractivo de todos —aunque no exento también de interrogantes, que sólo se despejarán una vez lleve un cierto tiempo de rodaje— es el de la próxima constitución de la Unión Monetaria Europea, proceso que, con independencia de otros efectos que pueda provocar —entre ellos la visualización por parte de los ciudadanos europeos de los avances conseguidos y de la irreversibilidad del proceso de integración entre las economías afectadas—, tendrá, sin lugar a dudas, una repercusión importante sobre la evolución de las disparidades regionales en la esfera comunitaria y, por ende, en la esfera española.

La confluencia de estos dos hechos singulares en nuestra historia reciente —la configuración del Estado de las Autonomías y la integración española en una Unión Europea que está pugnando por constituir una unión monetaria— hace que la cuestión de las disparidades regionales en nuestro país (nivel, evolución reciente y, sobre todo, perspectivas de futuro) sea una de las más importantes y candentes en la actualidad, no sólo desde un punto de vista estrictamente económico, sino también desde una óptica social y política.

Teniendo en cuenta estas circunstancias, el objetivo del presente trabajo no es otro que el de intentar ofrecer una respuesta sencilla, aunque sistemática y coherente, a algunos de los interrogantes anteriormente planteados. Para ello, el trabajo se estructura en dos partes netamente diferenciadas entre sí, aunque, como es natural, estrechamente relacionadas; en concreto, en la primera parte se examinan tanto el nivel actual de las disparidades regionales en España y su evolución temporal (sobre todo en las últimas décadas) como algunos de los factores que —en mayor o menor medida— han podido ser causantes de las mismas; a su vez, en la segunda parte se analizan un conjunto de factores o elementos que se estiman que, una vez establecida la Unión Monetaria Europea (UME), pueden influir de forma decisiva a que, por un lado, aumenten o disminuyan las disparidades regionales dentro de España y, por otro, a que las regiones españolas avancen o retrocedan en su proceso de convergencia real con los países más desarrollados de Europa. Como es natural, el estudio finaliza con un apartado de conclusiones, algunas de las cuales están sólidamente asentadas en la evidencia empírica y el análisis teórico, mientras que otras tienen un carácter meramente tentativo.

Agradecimientos

Desde hace ya algún tiempo, mis inclinaciones investigadoras se han ido decantando, cada vez de forma más decidida, hacia una simbiosis entre el análisis económico regional y la economía internacional; un buen ejemplo de este tipo de enfoque, lo constituye, a mi juicio, este trabajo, en cuya realización he incurrido, como no podía ser menos, en cuantiosas deudas de tipo intelectual.

Además de a los numerosos autores que me han precedido, directa o indirectamente, en el estudio de las cuestiones aquí planteadas y que, a través de sus escritos, conferencias, comentarios, etc., me han ayudado en mi proceso de formación, y de algunos compañeros de otras universidades con los que he discutido aspectos parciales del trabajo en distintos seminarios, mi gratitud va dirigida, en particular, a un pequeño, pero selecto, grupo de personas, entre las que quiero y debo recordar, de manera especial, a las siguientes.

A Victorio Valle, director de la Fundación de las Cajas de Ahorro, que, con su invitación a participar en unas Jornadas sobre la Unión Monetaria, me incitó a trabajar de forma decidida en la materia objeto de este estudio, y a Antonio Pulido, de la Universidad Autónoma de Madrid, que me animó a seguir trabajando en la misma, puliendo (y ampliando considerablemente) un texto inicial que había sido editado como Lección de Apertura del Curso Académico 1997-1998 en la Universidad de Cantabria.

A mis alumnos de doctorado del curso 1996-1997, que contribuyeron de forma notable a hacer realidad este trabajo. En particular, la habilidad informática de Ignacio Moral y la dedicación plena de

Adolfo Maza me han sido de gran utilidad en múltiples ocasiones, ayudándome a solucionar numerosos problemas y a seguir adelante. Tengo que reconocer que, sin su ayuda, todo me habría resultado bastante más complicado y, quizá, en algún momento hubiera llegado a tirar la toalla.

A mis compañeros del Departamento de Economía de la Universidad de Cantabria, que se han mostrado muy receptivos a seguir investigando, como grupo, en algunas de las materias abordadas en este estudio, lo que espero que sirva, en alguna medida, para contribuir a la consolidación del Departamento. En concreto, los acertados comentarios de Blanca Sánchez Robles —con quien he realizado algunos trabajos conjuntos y que ha leído la totalidad del texto—, Patricio Pérez y José María Pérez de Villarreal me han ayudado a interpretar correctamente algunas cuestiones y a reinterpretar otras, mejorando así la calidad del producto final.

En todo caso, los errores y omisiones que existan en el trabajo no se pueden achacar a ninguna de las personas que me han ayudado en su elaboración. Éstos son, por lo tanto, de exclusiva responsabilidad del autor.

PARTE PRIMERA

Disparidades regionales en España: las enseñanzas de la evidencia empírica

1. Las disparidades regionales en España: una perspectiva histórica

Aunque no se trata de un fenómeno exclusivamente español, sino de un hecho compartido por la mayoría de los países, es evidente para cualquier observador atento de la realidad económica que la existencia de contrastes territoriales de mayor o menor entidad constituye, sin ningún género de dudas, uno de los rasgos más característicos del panorama económico nacional, tanto si el enfoque utilizado presta atención únicamente a la situación actual como si, por el contrario, adopta una perspectiva histórica.

Expresados en forma de disparidades regionales —término lingüístico que, de acuerdo con algunos autores (véase, por ejemplo, a Martín Rodríguez, 1993), parece más objetivo que los alternativos de desequilibrios o desigualdades regionales—, estos contrastes aparecen cuantificados por primera vez, con un cierto grado de precisión y fiabilidad, a partir de comienzos del siglo XIX, ya que, para fechas anteriores a esta centuria, la información disponible se encuentra muy limitada y, sobre todo, es escasamente fiable. En todo caso, y pese a las limitaciones que presenta la base estadística utilizada, los historiadores observan que las disparidades territoriales parecen ser ya un elemento distintivo de la realidad económica española de los siglos XVI al XVIII, si bien es cierto que, en cada época, con unos perfiles y matices diferentes: así, mientras que en el primero de ellos se produce una clara preponderancia de la España interior sobre la periférica, ocurre todo lo contrario en el siglo XVIII, etapa en la que se consolida el potencial económico de las regiones litorales, actuando el XVII —a través de la crisis de la industria manufacturera castellana y de los movimientos migratorios que la misma engendró— como nexo de unión entre ambas centurias.

Ya con referencia al siglo XIX, las estimaciones de renta regional por habitante realizadas por diversos estudiosos ponen de manifiesto, con absoluta nitidez, la existencia de una España económica desigual, la cual parece haber evolucionado, además, de acuerdo con la tesis de Williamson (1965) de que las diferencias espaciales tienden a aumentar en las primeras etapas de los procesos de desarrollo y a disminuir con posterioridad. En efecto, según las estimaciones recogidas por Tortella (1994) y reproducidas en la tabla 1.1, las disparidades regionales en España aumentaron a lo largo del siglo XIX (época en la que no sólo se asienta el liderazgo de Cataluña y se produce el ascenso del País Vasco, sino que también se inicia el atraso relativo de Andalucía), debiéndose esperar hasta el XX para que se pueda apreciar un proceso de convergencia que, según las fuentes, se manifiesta desde comienzos del siglo o sólo a partir de los años sesenta[1]. En este sentido, la dinámica experimentada en la primera mitad del siglo XX parece adecuarse bastante bien al esquema interpretativo de la evolución económica regional popularizado por Román Perpiñá, según el cual el aislamiento de la economía española del exterior fue beneficioso para aquellos sectores y regiones cuya orientación productiva estaba centrada en la satisfacción de las necesidades del mercado interior (Cataluña, País Vasco y Castilla-León) y perjudicial para aquellos otros sectores y regiones más orientados hacia la exportación (Andalucía y Comunidad Valenciana).

Pero, dejando de lado lo sucedido en el pasado y centrándonos más en los tiempos modernos, es obvio que, desde principios de los años sesenta —fecha en la que empiezan a dejarse sentir los efectos benéficos de las medidas liberalizadoras introducidas por el Plan de Estabilización— hasta hoy, la economía nacional ha experimentado un proceso de transformación tan notable y profundo que ha modificado totalmente su estructura productiva y que ha elevado de forma sustancial el nivel de vida de los españoles; estos cambios, además, han tenido la virtud de ser ampliamente compartidos por todas y cada una de nuestras comunidades autónomas, lo que no ha impedido, sin embargo, que sigan existiendo diferencias sustanciales entre ellas, tanto en lo que afecta a la configuración de su estructura productiva propiamente dicha como en lo que concierne a su grado de desarrollo.

Ciñéndonos a este último aspecto, y contando ya con la base estadística necesaria para poder abordarlas convenientemente, son varias las cuestiones que recaban nuestra atención, las cuales —dentro de las

---

[1] El propio Tortella (1994) señala las discrepancias entre las estimaciones de Martín Rodríguez y las de Carreras; estas discrepancias se producen, en esencia, porque Carreras pondera la desviación típica por la población mientras que Martín Rodríguez no lo hace.

TABLA 1.1

Disparidades en renta por habitante de las regiones españolas								
CC.AA.	1802	1860	1901	1930	1960	1973	1979	1983
Andalucía	1,43	1,14	0,89	0,77	0,719	0,717	0,718	0,715
Aragón	0,92	1,02	1,04	1,02	1,030	0,998	1,057	1,024
Asturias	0,69	0,62	0,94	0,79	1,142	0,928	0,962	0,966
Baleares	1,44	0,88	0,80	0,97	1,105	1,329	1,215	1,373
Canarias	0,65	0,53	0,67	0,61	0,735	0,861	0,851	0,879
Cantabria	1,24	1,07	1,27	0,86	1,274	1,205	1,043	1,082
Castilla-La Mancha	0,88	0,94	0,88	0,83	0,647	0,745	0,758	0,710
Castilla y León	1,05	0,84	0,91	0,88	0,801	0,807	0,840	0,870
Cataluña	1,02	1,24	1,53	1,87	1,404	1,305	1,276	1,244
C. Valenciana	0,71	0,95	0,90	1,21	1,157	1,023	1,028	1,025
Extremadura	1,26	0,80	0,71	0,77	0,626	0,592	0,596	0,581
Galicia	0,51	0,51	0,65	0,58	0,707	0,714	0,798	0,788
Madrid	1,13	3,10	2,22	1,29	1,478	1,391	1,389	1,391
Murcia	0,64	0,76	0,73	0,71	0,744	0,790	0,805	0,763
Navarra	1,71	1,00	1,01	1,14	1,176	1,116	1,069	1,097
País Vasco	0,74	1,11	1,25	1,46	1,751	1,387	1,121	1,139
Rioja (La)	0,92	1,00	0,96	0,90	1,169	1,044	1,096	1,129
España	1,00	1,00	1,00	1,00	1,00	1,00	1,00	1,00
Desviación típica	0,324	0,555	0,373	0,320	0,319	0,245	0,207	0,227

Fuente: Tomado de Tortella (1994).

limitaciones pertinentes— vamos a tratar de responder, con tanta claridad como nos sea posible, en los tres capítulos siguientes. En esencia, estas cuestiones se pueden reconducir a las cuatro que se indican a continuación: primera, ¿cuál es el nivel actual de las disparidades regionales en España?, ¿es más o menos acusado que en el resto de los países europeos?; segunda, ¿cómo han evolucionado tales disparidades a lo largo del tiempo?, ¿han aumentado, han disminuido o se han estancado?; tercera, ¿qué factores económicos pueden ayudarnos a explicar o entender, al menos parcialmente, la evolución registrada?; y cuarta, ¿cuál es la situación de las regiones españolas en el contexto regional europeo?, ¿hemos avanzado en nuestra convergencia con Europa o seguimos donde estábamos?

2. Las disparidades regionales en España: la situación actual

Cuando se trata de cuantificar la magnitud de la desigualdad económica existente dentro de un espacio geopolítico determinado —en este caso, entre las regiones españolas—, dos son, a priori, los aspectos a los que hay que prestar especial atención: por un lado, las variables económicas elegidas para efectuar tal evaluación, y, por otro, los criterios de medida utilizados.

Aunque sobre ninguno de estos aspectos existe unanimidad entre la comunidad científica, no es menos cierto que sí existe un amplio consenso de que, en relación con la primera cuestión, las magnitudes productivas y ocupacionales son, como norma general, las más relevantes y significativas; por otro lado, y teniendo en cuenta que este consenso no se produce, al menos en parecidas proporciones, en relación con la segunda cuestión, la relacionada con los criterios estadísticos de medición de las disparidades, en la práctica se suele optar por la presentación simultánea de varios indicadores de desigualdad, tratando con ello de evitar la aparición de posibles sesgos interpretativos. Pues bien, teniendo en cuenta estos elementos, la información transcrita en la tabla 2.1, referida al año 1996, pone de manifiesto algunos rasgos de interés, entre los que destacamos los siguientes:

1. En relación con el nivel de desarrollo, se aprecia que las disparidades por habitante son bastante mayores en términos de producción (PIB) que de renta familiar disponible (RFD), lo que pone de relieve el hecho, ampliamente documentado en la literatura, de que el sector público español desempeña un papel muy positivo a la hora de reducir las desigualdades espaciales; en concreto, el sector público contribuye a reducir las disparidades regionales por dos vías: en primer lugar, por la vía de las transferencias corrientes (que se contabilizan al pasar de la Renta Directa de las Familias a la Renta de las Fa-

TABLA 2.1

Disparidades regionales. 1996						
CC.AA.	PIBph	RFDph	Produc-tividad	Tasa de		
				actividad	ocupación	paro
Andalucía	71,4	79,9	90,1	90,1	87,9	145,4
Aragón	107,5	108,7	95,3	102,2	110,3	61,3
Asturias	85,9	94,2	92,2	89,5	104,2	84,2
Baleares	147,7	134,0	126,0	107,3	109,3	65,2
Canarias	100,3	90,2	102,1	103,6	94,8	119,3
Cantabria	90,7	97,5	96,2	95,1	99,2	103,0
Castilla-La Mancha	86,6	94,2	90,8	89,2	107,0	73,9
Castilla y León	94,7	103,0	92,6	93,9	109,0	66,1
Cataluña	122,5	117,5	111,6	111,1	98,8	104,6
C. Valenciana	99,1	99,8	97,4	104,2	97,6	108,9
Extremadura	72,7	80,8	80,2	90,1	100,5	98,0
Galicia	83,2	91,6	79,7	97,6	107,0	73,6
Madrid	127,5	109,8	114,9	108,3	102,4	90,8
Murcia	78,7	79,3	81,6	96,5	99,9	100,2
Navarra	115,7	116,0	104,3	99,6	111,3	57,5
País Vasco	112,4	113,5	109,6	98,6	103,9	85,2
Rioja (La)	118,8	117,7	103,0	104,3	110,6	60,3
Ceuta	86,9	109,1	95,5	94,7	96,2	114,4
Melilla	93,0	106,0	92,0	103,4	97,7	108,5
España	100,0	100,0	100,0	100,0	100,0	100,0
Desviación típica	20,2	14,6	12,1	6,8	6,4	23,9
Coef. variación	0,2027	0,1431	0,1237	0,0683	0,0622	0,2641
Ratio máx/min	2,1	1,7	1,6	1,2	1,3	2,5
Índice de Theil (*100)	2,270	0,810	0,745	1,194	0,331	3,160

Fuente: Fundación de las Cajas de Ahorro, INE y elaboración propia.

milias antes de Impuestos), y, en segundo lugar, por la vía de los impuestos directos (que se toman en consideración al pasar de la Renta de las Familias antes de Impuestos a la Renta Familiar Disponible). En todo caso, y con independencia de que —en alguna medida y de acuerdo con ciertas opiniones— este papel se encuentre potencialmente amenazado con la entrada en vigor de un nuevo sistema de financiación de las comunidades autónomas, ocurre que, sea cual sea la variable económica utilizada (el PIBph o la RFDph), la comunidad que disfruta de un nivel de desarrollo más elevado es la de Baleares, mientras que aquellas que lo tienen más bajo son —dependiendo de la variable elegida— Andalucía o Murcia, seguidas muy de cerca por Extremadura.

2. En materia de productividad aparente del factor trabajo, entendida convencionalmente como la ratio entre el PIB y el empleo, las desigualdades regionales son algo menos acusadas que las existentes en las dos magnitudes previamente indicadas, sucediendo de nuevo, sin embargo, que Baleares es la región que alcanza la cota más elevada; ahora, por el contrario, la comunidad autónoma que anota el valor más reducido de todos es Galicia, si bien es cierto que Extremadura y Murcia registran, asimismo, un nivel relativo muy parecido al gallego.

3. En la vertiente laboral, las disparidades regionales son menos acusadas que en los aspectos productivos en lo que se refiere a las tasas de actividad[1] y de ocupación, pero mucho mayores en lo que afecta a la tasa de paro, vertiente ésta en la que las disparidades presentan los valores más pronunciados; en concreto, y de forma bastante gráfica aunque un tanto equívoca, se aprecia que la comunidad autónoma que anota la tasa de paro más elevada (Andalucía) registra un nivel que es 2,5 veces mayor que el que corresponde a la comunidad que tiene la tasa más reducida (Navarra).

La información suministrada por la tabla 2.1 ofrece, indudablemente, algunas pistas útiles acerca de la importancia de las disparida-

---

[1] En relación con la tasa de actividad, el índice de Theil (cuya expresión se muestra en el capítulo 4) refleja un grado de desigualdad mayor que el correspondiente a la productividad y a la RFDph; el resto de indicadores, sin embargo, ofrecen valores más reducidos para la tasa de actividad que para la productividad, el PIBph y la RFDph.

des regionales en España; pese a ello, el problema que subyace en la misma es que, no teniendo marco de referencia con el cual poder compararse, no permite juzgar con conocimiento de causa si los valores alcanzados por los indicadores estadísticos utilizados hacen alusión, en términos relativos, a un nivel alto o bajo de tal desigualdad. Para responder, al menos parcialmente, a esta pregunta, parece oportuno efectuar una comparación entre los grados de desigualdad existentes en nuestro país y en otras naciones de características similares a España, lo que podría venir representado por países tales como el Reino Unido, Alemania, Italia o Francia. En este sentido, y con datos correspondientes al año 1993, las estadísticas de Eurostat (tabla 2.2) ponen de relieve que, con relación al PIB por habitante, el nivel de desigualdad interregional es más bajo en España que en los cuatro países antes mencionados, mientras que, en términos de la tasa de desempleo, el caso español se encuentra muy próximo al italiano (que es, pese a todo, un poco más elevado) pero está muy por encima del francés, alemán y británico. En definitiva, y considerando ambos resultados de forma conjunta, creemos que se puede afirmar que el grado de desigualdad económica regional existente en España tiene unas dimensiones significativas, algo menores que las que se manifiestan en otros países europeos de nuestro entorno en materia de PIB por habitante, pero sensiblemente mayores en relación con la tasa de desempleo; este último es, probablemente, el aspecto más llamativo y sangrante de todos y, en consecuencia, el que levanta más recelos y opiniones encontradas.

TABLA 2.2

Disparidades regionales. 1993 (desviación típica)		
Estados	**PIBph**	**Tasa de paro**
Alemania (occidental)	24,5	1,9
Francia	27,9	2,0
Italia	24,6	5,9
Reino Unido	19,0	2,4
España	15,3	5,5
Fuente: Eurostat.		

3. Las disparidades regionales en España: su evolución

Con independencia de las consideraciones generales realizadas en el capítulo anterior, parece innecesario apuntar que hay otras formas complementarias de evaluar la magnitud e importancia que, desde un punto de vista económico, tienen las disparidades regionales en España. Entre éstas, creemos que hay al menos tres aproximaciones que son particularmente relevantes, ya que permiten ampliar de forma notable la perspectiva con la que se aborda el estudio de la cuestión. Estamos hablando, por un lado, del enfoque consistente en efectuar un seguimiento de tales disparidades a lo largo del tiempo y, por otro, del enfoque relacionado con el examen del grado de movilidad que ha tenido lugar entre comunidades autónomas, observando los cambios registrados en la posición relativa ocupada por cada una de ellas. Aunque relativamente poco estudiado hasta el momento, este último aspecto es muy importante tenerlo en cuenta a la hora de valorar la mayor o menor gravedad de las disparidades económicas espaciales, siendo evidente que un determinado nivel de desigualdad interregional adquiere tintes más o menos preocupantes en función de que el grado de movilidad existente en la posición relativa de las regiones sea pequeño o grande. La última de las aproximaciones a la dinámica de las disparidades regionales está relacionada con el marco de referencia, que ahora deja de ser el nacional para pasar a ser el europeo.

3.1. Las disparidades económicas regionales en el PIB por habitante

Desde el punto de vista del PIB por habitante (PIBph), el rasgo más llamativo de todos es que las disparidades interregionales en España han disminuido de forma apreciable a lo largo de los cuarenta años (1955-1995) para los que disponemos de la información estadística precisa. Ahora bien, aun cuando es cierto que este resultado se aprecia con absoluta nitidez en relación con cualquiera de los indicadores de desigualdad considerados (tabla 3.1), no lo es menos que estos mismos indicadores documentan también la existencia de un perfil temporal de las disparidades regionales bastante diferenciado en función del subperíodo que se considere.

TABLA 3.1

Disparidades regionales en el PIBph (Índice: España = 100)				
CC.AA.	1955	1975	1985	1995
Andalucía	69,5	73,0	70,8	70,2
Aragón	100,2	100,5	110,1	107,5
Asturias	119,8	105,0	96,5	87,8
Baleares	115,0	118,4	141,3	148,1
Canarias	77,3	78,6	93,3	100,0
Cantabria	123,5	103,7	97,4	92,0
Castilla-La Mancha	63,7	77,9	78,2	84,2
Castilla y León	85,6	85,8	90,9	93,3
Cataluña	158,5	127,7	123,4	123,3
C. Valenciana	105,2	101,6	102,4	99,8
Extremadura	55,7	58,7	67,6	69,8
Galicia	66,8	74,8	82,0	83,7
Madrid	148,9	129,8	130,0	128,5
Murcia	67,3	84,9	82,9	79,2
Navarra	119,3	112,3	109,1	115,8
País Vasco	190,4	135,7	113,6	112,6
Rioja (La)	116,3	102,6	107,5	118,9
España	100,0	100,0	100,0	100,0
Media	104,9	98,3	99,8	100,9
Desviación típica	37,5	22,2	20,5	21,6
Ratio máx/min	3,4	2,3	2,1	2,1
Índice de Theil (*100)	7,054	2,988	2,445	2,443

Fuente: Elaboración propia en base a datos de la Fundación de las Cajas de Ahorro y del BBV.

3.1.1. La convergencia sigma

En concreto, si prestamos atención a la evolución temporal de lo que se conoce como convergencia sigma (entendida, tal y como se indica en el anexo 1, como la reducción de la dispersión en el PIBph), se aprecia en la figura 3.1 que, desde 1955 hasta 1981, hubo un proceso prácticamente tendencial e ininterrumpido de acortamiento de distancias entre comunidades autónomas; por el contrario, y aunque con algunas oscilaciones periódicas de escasa intensidad relativa, entre 1981 y 1995 apenas se lograron avances en el proceso de convergencia regional, por lo que se puede decir que durante este lapso de tiempo las disparidades económicas regionales en España se han visto estabilizadas (si se quiere utilizar un adjetivo suave) o estancadas (si se pretende utilizar un calificativo más fuerte).

Es esta última circunstancia, en particular, la que hace pensar a algunos autores (Raymond y García, 1994, 1996, y De la Fuente, 1996, entre otros) que el nivel de las disparidades regionales en España ha alcanzado ya o está muy próximo a alcanzar su valor mínimo; o, dicho con otras palabras, que (de no incrementarse) es posible que el actual nivel de las disparidades regionales persista durante un largo pe-

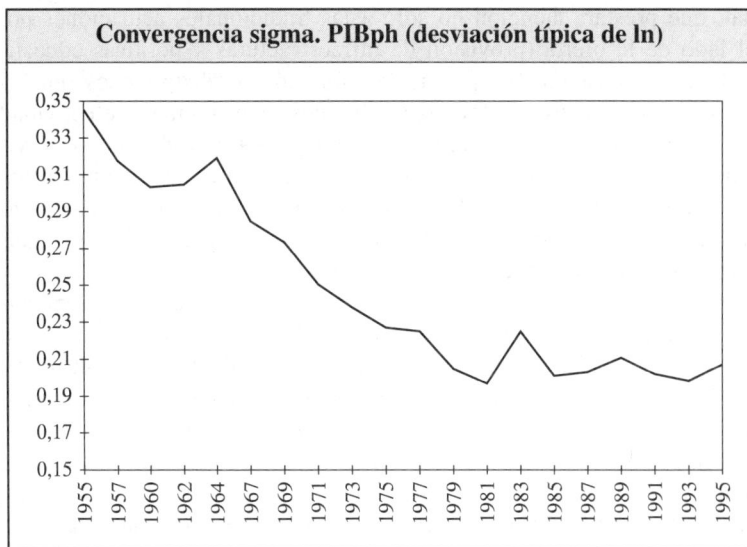

Figura 3.1

ríodo de tiempo, el cual desde una perspectiva teórica podría mantenerse de forma indefinida Pues bien, pese a que esta apreciación es técnicamente correcta (esta conclusión se deriva también de la estimación de la ecuación de convergencia beta ampliada que se presenta en la tabla 3.3), no podemos estar de acuerdo con las implicaciones que ello conlleva, al menos por dos motivos: en primer lugar, porque tal conclusión se obtiene a partir del empleo del supuesto de que los parámetros del modelo estimado se mantendrán inalterados en el futuro, lo cual parece difícil de asumir en una época, como la actual, de cambios rápidos y sustanciales; y, en segundo lugar, porque aun en el caso de que esto fuera así, tales disparidades seguirían siendo bastante pronunciadas, lo cual aconsejaría la aplicación de medidas correctoras por parte de las autoridades competentes.

Abundando en esta cuestión, creemos que el punto de vista de algunos autores da por sentado, al menos de forma implícita, que la política regional (cualquier tipo de política regional) es incapaz de contribuir a la reducción de las disparidades regionales, lo que parece ser una aseveración excesivamente fuerte. Por el contrario, pensamos que la política regional continúa siendo necesaria como mecanismo coadyuvante para la reducción de los desequilibrios territoriales y que lo que habría que hacer sería aplicar una nueva forma de política regional, que prestara atención no sólo a las tradicionales actuaciones por el lado de la oferta (provisión de infraestructuras y políticas educativas), sino que también apoyara la supresión de distorsiones (en los mercados de bienes, crediticios y laborales) que limitan la efectividad de la política regional convencional (Faini, 1995). Todo ello sin olvidar, claro está, que todo proceso redistributivo tiene su contrapartida en la aparición de costes de eficiencia (existe, pues, un *trade-off* entre equidad y eficiencia), por lo que habría que buscar un justo (aunque difícil) equilibrio entre ambos procesos.

Habiendo examinado ya la evolución de las disparidades regionales a través de la convergencia sigma, es posible elaborar —tomando como indicador básico la variación experimentada en el PIBph relativo de cada comunidad autónoma, expresada en puntos porcentuales— una sencilla tipología regional que nos lleve a distinguir entre regiones que han contribuido a la convergencia, regiones que han contribuido a la divergencia y regiones que han tenido, en este terreno, un comportamiento neutral. En concreto, y prestando atención únicamente a la totalidad del período objeto de consideración, la tabla 3.2 permite diferenciar los grupos siguientes:

1. Las comunidades convergentes fueron, por el lado positivo[1], las de Canarias, Castilla y León, Castilla-La Mancha, Extremadura, Galicia y Murcia, y, por el lado negativo, Asturias, Cantabria, Cataluña, Madrid y País Vasco.
2. Las comunidades divergentes fueron, ambas por el lado positivo[2], Aragón y Baleares.

TABLA 3.2

Variación en el índice del PIBph (variación porcentual absoluta. Índice: España = 100)			
CC.AA.	**1955-1981**	**1981-1995**	**1955-1995**
Andalucía	2,9	–2,2	0,7
Aragón	4,1	3,2	7,3
Asturias	–18,6	–13,5	–32,1
Baleares	8,5	24,6	33,1
Canarias	16,9	5,7	22,6
Cantabria	–25,6	–5,9	–31,5
Castilla-La Mancha	13,6	7,0	20,6
Castilla y León	0,7	7,0	7,7
Cataluña	–32,2	–2,9	–35,2
C. Valenciana	–4,5	–0,9	–5,4
Extremadura	7,8	6,4	14,1
Galicia	15,1	1,7	16,9
Madrid	–17,2	–3,1	–20,4
Murcia	15,8	–3,8	11,9
Navarra	–12,0	8,5	–3,5
País Vasco	–75,9	–1,8	–77,7
Rioja (La)	–12,2	14,8	2,7

Fuente: Ídem tabla 3.1.

---

[1] Entendemos que el proceso de convergencia es positivo cuando una región con PIBph inferior a la media nacional mejora su posición con el tiempo, mientras que el proceso tiene un sesgo negativo cuando una región con PIBph superior a la media nacional empeora su posición relativa.

[2] Entendemos que el proceso de divergencia es positivo cuando una región con PIBph superior a la media nacional mejora su posición con el tiempo, mientras que el proceso tiene un sesgo negativo cuando una región con PIBph inferior a la media nacional empeora su posición relativa.

3. Las comunidades que tuvieron un comportamiento neutral[3] fueron las de Andalucía, Navarra y La Rioja y, en el límite, Valencia.

Por otro lado, si en lugar de, en la totalidad del período, la atención se centra en lo ocurrido en cada uno de los dos grandes subperíodos que, según el análisis de la convergencia sigma, se detectan en la evolución de los desequilibrios territoriales en España, algunos de los resultados más importantes que se ponen de manifiesto con absoluta nitidez son los que se indican a continuación:

1. Asturias y Cantabria han tenido en todo momento una contribución favorable a la convergencia regional, bien que en ambos casos con un sesgo negativo para ellas; por el contrario, Castilla-La Mancha y Extremadura también contribuyeron a la convergencia, aunque lo hicieron siempre con un sesgo positivo.

2. Cataluña, Madrid y, sobre todo, el País Vasco también favorecieron el proceso de convergencia regional por el lado negativo, aunque sólo en el primer subperíodo de análisis, ya que durante el segundo se mantuvieron esencialmente neutrales en su comportamiento; asimismo, las comunidades autónomas de Canarias, Galicia y Murcia limitaron su aportación positiva a la convergencia regional al primer subperíodo, mientras que Castilla y León lo hizo sólo en el segundo.

3. Por otro lado, Baleares, que es la comunidad autónoma más desarrollada de todas, contribuyó a la divergencia regional (de forma positiva para ella) en ambos subperíodos, al tiempo que la comunidad de Aragón tuvo una contribución reducida a la convergencia, lo que se produjo como consecuencia de que, en las dos etapas, registró un comportamiento neutral que, en todo caso, se podría calificar de ligeramente positivo; y, por último.

4. De las regiones que experimentaron un comportamiento neutral en cuanto a la dinámica de la convergencia, Andalucía y la Comunidad Valenciana lo hicieron de forma reiterada en am-

---

[3] De forma arbitraria, entendemos que una comunidad tiene un comportamiento neutral en relación con la convergencia regional cuando la modificación de su PIBph relativo no supera los cinco puntos porcentuales para todo el período (1955-1995).

bos subperíodos, mientras que Navarra y La Rioja se comportaron sensiblemente mejor en la segunda etapa que en la primera.

Tras lo expuesto en las páginas precedentes, ya sabemos que las disparidades regionales en materia de PIBph disminuyeron de manera prácticamente ininterrumpida hasta finales de los años setenta-principios de los ochenta y que después se estancaron, y conocemos también, *grosso modo*, el papel desempeñado por cada comunidad autónoma en este proceso. Pero, además de esto, y dado que el PIBph es en sí misma una magnitud relativa, formada como cociente entre otras dos —el PIB y la población—, interesa conocer también lo sucedido con estas magnitudes, ya que, como es evidente, la conducta seguida por aquélla (el PIBph) no es otra cosa que la consecuencia lógica de la conducta seguida por éstas (el PIB y la población).

Pues bien, atendiendo a la conducta observada por estas variables económicas, se ponen de relieve dos hechos que, creemos, tienen singular importancia: por un lado, en la figura 3.2 se aprecia que, en ma-

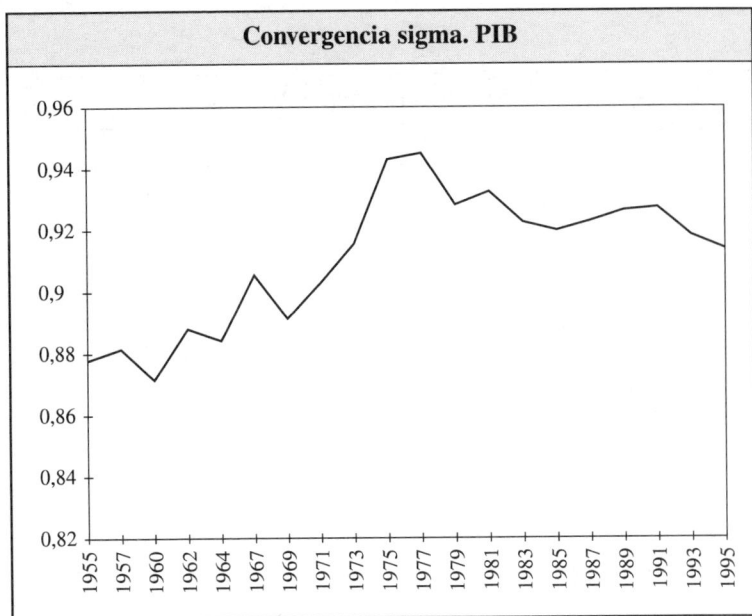

Figura 3.2

teria de PIB, no ha tenido lugar ningún proceso de convergencia regional a lo largo del tiempo, sino todo lo contrario, al menos hasta finales de los años setenta; y, por otro lado, se observa también que una circunstancia muy parecida a la anterior, incluso con un perfil más nítidamente divergente, se ha producido en relación con la dinámica demográfica (figura 3.3). Así pues, si tomamos en consideración ambos comportamientos de forma conjunta, lo que se deduce es que el proceso de convergencia regional que tuvo lugar hasta finales de los años setenta se produjo como consecuencia no de que las comunidades autónomas pobres crecieran por encima de las ricas, sino, sobre todo, como resultado de que aquéllas experimentaron una evolución demográfica mucho menos dinámica que éstas, evolución que, en algunas regiones pobres, fue incluso regresiva; asimismo, las dos gráficas de las figuras 3.2 y 3.3 muestran, también con bastante nitidez, que el estancamiento en el proceso de convergencia iniciado a principios de la década de los ochenta no es otra cosa que la consecuencia conjunta, y natural, de una práctica estabilización (o paralización) en los procesos de convergencia regional, tanto desde el punto de vista productivo como desde la óptica poblacional.

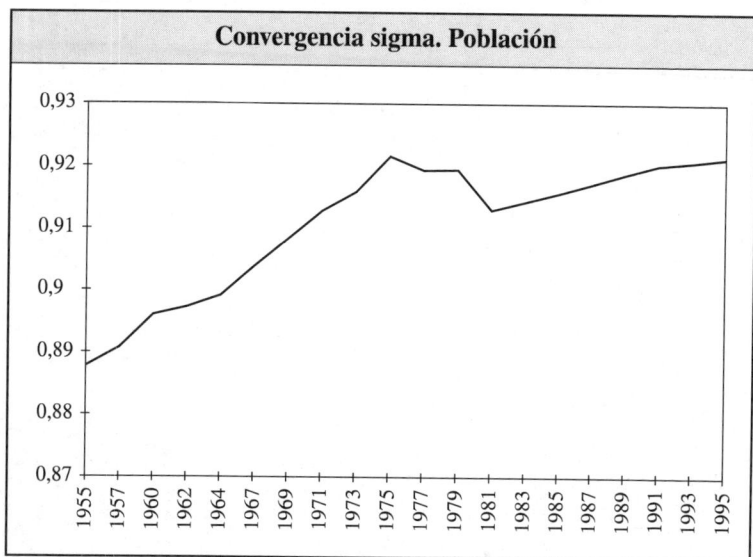

Figura 3.3

Aunque es evidente que las distintas tasas de crecimiento vegetativo han tenido una cierta influencia en la desigual evolución demográfica de las comunidades autónomas, no parece admitir ninguna duda que los movimientos migratorios interregionales han sido los verdaderos artífices de la convergencia regional durante los años sesenta y primeros setenta, algo que se pone de manifiesto de forma palpable si se tiene en cuenta el elevado valor que alcanza el coeficiente de correlación entre la convergencia sigma y los saldos migratorios (Raymond y García, 1996). Esto es así porque las modificaciones registradas en la distribución espacial de la población, insistimos en que propiciadas fundamentalmente por los referidos movimientos migratorios, se han manifestado de forma tal que las comunidades autónomas menos desarrolladas perdieron efectivos poblacionales mientras que las más ricas experimentaron el fenómeno contrario; así pues, éste ha sido, en definitiva, el factor clave de la convergencia regional acaecida en España, convergencia regional que, estimamos, no puede tener una valoración positiva para aquellas comunidades autónomas que vieron mermada su densidad demográfica.

3.1.2. La convergencia beta

Con independencia de lo referido en las líneas anteriores acerca de la evolución de las disparidades económicas interregionales en España, existe otra forma de examinar su comportamiento que es conocida, en el caso de que las mismas disminuyan, como convergencia beta. Este tipo de convergencia —cuyos rasgos definitorios también se ponen de manifiesto en el anexo 1— se produce, de acuerdo con los postulados de los modelos de crecimiento económico de corte neoclásico (que dan por sentada la existencia de rendimientos decrecientes en los factores de producción acumulables), cuando las economías regionales tienen idénticos parámetros en lo que afecta a la tecnología, la tasa de ahorro, la tasa de crecimiento de la población y la tasa de depreciación del equipo capital. Bajo este cúmulo de circunstancias tiene lugar lo que se conoce como convergencia beta no condicional (o absoluta), mientras que, cuando los parámetros mencionados no son iguales en todas las regiones, puede producirse lo que se conoce como convergencia beta condicionada; en el primer caso, todas las regiones tienden al mismo estado estacionario (lo que conlleva que las regiones más pobres crecen más rápido que las regiones más ricas), mientras que, en el segundo, cada región converge hacia su propio estado estacionario.

Pues bien, en el caso de nuestras comunidades autónomas, la estimación para el horizonte temporal 1955-1995 de la ecuación estándar de convergencia beta pone de manifiesto que, al tiempo que se producía la convergencia sigma, también se producía, aparentemente, la convergencia beta absoluta (este resultado se aprecia a partir del signo negativo del coeficiente de la variable independiente —que, como se indica en el anexo 1, es conocido como coeficiente β y es representativo de la velocidad de convergencia— y de la significatividad de los estadísticos correspondientes). Por otro lado, la estimación de una ecuación de convergencia beta ampliada (o condicional) —realizada para tomar en consideración la influencia de los efectos individuales específicos, que recogen los aspectos diferenciales propios de cada región— pone de manifiesto (tabla 3.3) otros dos hechos de singular importancia: por un lado, la elevada capacidad explicativa que tienen los mencionados efectos individuales específicos —efectos que, insistimos, estarían reflejando el crecimiento autónomo de cada región, provocado por elementos con influencia económica (como la localización, las condiciones climatológicas, la dotación de recursos naturales o el espíritu de empresa) que a veces resultan difíciles de medir—, y, por otro, el aumento que experimenta el coeficiente beta, representativo de una aceleración notable en la velocidad de convergencia (del 2 al 7,7 por 100). Naturalmente, el verdadero problema que plantea la estimación de la ecuación de convergencia beta ampliada —o ecuación de convergencia con efectos fijos— es que, aunque mejora considerablemente la velocidad de convergencia, no explica en el fondo qué factores se encuentran detrás de los mencionados efectos fijos, es decir, no explica qué factores están detrás de la convergencia. Más adelante —en el capítulo 4— volveremos sobre esta cuestión.

TABLA 3.3

Ecuación de convergencia beta regional en PIBph				
Variable dependiente	$\Delta \ln Y_{it} - \Delta \ln Yt$			
Variables explicativas	**Convergencia ampliada**		**Convergencia absoluta**	
	Coeficiente	**Estadístico** t	**Coeficiente**	**Estadístico** t
$\ln Y_{it-1} - \ln Y_{t-1}$	–0,077	–5,860	–0,020	–4,629
Cte. Andalucía	–0,027	–4,301		
Cte. Aragón	0,005	1,278		
Cte. Asturias	–0,005	–1,312		
Cte. Baleares	0,027	4,768		
Cte. Canarias	–0,004	–0,840		
Cte. Cantabria	–0,001	–0,390		
Cte. Castilla-La Mancha	–0,015	–2,628		
Cte. Castilla y León	–0,007	–1,590		
Cte. Cataluña	0,016	2,865		
Cte. C. Valenciana	0,0002	0,054		
Cte. Extremadura	–0,032	–4,152		
Cte. Galicia	–0,016	–2,782		
Cte. Madrid	0,019	3,312		
Cte. Murcia	–0,015	–2,892		
Cte. Navarra	0,009	2,035		
Cte. País Vasco	0,010	1,724		
Cte. Rioja (La)	0,008	1,721		
Coef. determinación	0,170		0,062	
Error estándar	0,019		0,020	
SCR	0,116		0,131	
Núm. observaciones	323		323	
Fuente: Ídem tabla 3.1.				

3.1.3. Ejes económicos y clubes de convergencia

Una de las cuestiones que se recogen con absoluta claridad en el análisis de la convergencia beta condicional es que no todas las regiones tienden al mismo estado estacionario; es más, este tipo de análisis permite apreciar la existencia de comportamientos bastante diferenciados entre ellas, lo que no impide que también se detecte la existencia de grupos de comunidades autónomas que muestran conductas relativamente similares. Es precisamente esta afinidad de conductas dentro de un grupo concreto y de disparidad de conductas entre grupos lo que da lugar a considerar la existencia de clubes de convergencia y de ejes de desarrollo.

La identificación de ejes económicos en España —entendidos como espacios vertebradores de la actividad económica que poseen un peso específico y un dinamismo singulares— se ha acometido, hasta el momento, siguiendo un procedimiento *ad hoc*, consistente, en último término, en la identificación de espacios suprarregionales en los que las unidades territoriales que los formaban (comunidades autónomas) mostraban un elevado grado de conexión económica entre sí, además de una pauta de conducta económica temporal y una estructura productiva semejantes. Pues bien, teniendo en cuenta estos elementos, no parece descabellado identificar en nuestro país —tal y como han hecho distintos autores— la existencia de siete ejes económicos (Valle del Ebro, Arco Mediterráneo, Cornisa Cantábrica, Centro, Sur, Archipiélagos y Madrid[4]), aunque sólo los dos primeros tienen, tal y como se pone de manifiesto en Villaverde y Pérez (1996), la pujanza suficiente como para hacerse acreedores al calificativo de ejes de desarrollo.

Por otro lado, en lo que se refiere a la identificación en España de clubes de convergencia (véase el anexo 2), el análisis empírico realizado por Villaverde y Sanchez-Robles (1998), en base a las aportaciones pioneras de Chaterjii y Dewhurst (1996), ha puesto de relieve la inexistencia de los mismos desde el punto de vista regional; por el contrario, cuando la unidad de análisis territorial es la provincia en lugar de la comunidad autónoma, se observa que, para el período 1985-1995, existen dos clubes de convergencia, uno de renta alta[5], formado

---

[4] Como es de sobra conocido, el Valle del Ebro aglutina a las regiones de Aragón, Navarra y La Rioja; el Arco Mediterráneo comprende las comunidades catalana, valenciana y murciana; el Centro engloba las dos Castillas y el Sur incluye a Extremadura y Andalucía.

[5] Las provincias incluidas en este club son las siguientes: Teruel, Las Palmas, Santa Cruz de Tenerife, Valladolid, Huesca, Valencia, Guipúzcoa, Castellón, Zaragoza, Vizcaya, Burgos, Navarra, Lérida, La Rioja, Guadalajara, Barcelona, Tarragona, Álava, Madrid y Gerona.

por veinte provincias que, en el estado estacionario, mantendrán un *gap* de equilibrio de renta por persona de 1,315[6] frente a Baleares, y otro de renta baja, en el que se encuentran encuadradas las veintinueve provincias restantes, con un *gap* de equilibrio en nivel de renta por persona, también frente al archipiélago balear, de 2,133.

3.1.4. La movilidad en el *ranking* regional

Por último, tal y como se apuntó con anterioridad, otro factor importante a la hora de valorar la verdadera importancia (o gravedad) de las disparidades regionales en España es el relacionado con la movilidad, esto es, con la modificación en la posición relativa ocupada por cada comunidad autónoma a lo largo del tiempo. Pues bien, tal y como se refleja en la tabla 3.4, dos son los aspectos que, en este terreno, llaman poderosamente la atención: en primer lugar, que algunas comunidades autónomas han cambiado su posición de forma bastante radical, siendo algunos de los casos más significativos los de Baleares, Aragón, Canarias, La Rioja y Castilla-La Mancha, por el lado positivo, y Asturias, Cantabria, el País Vasco y, en menor medida, Andalucía por el lado negativo; y, en segundo lugar, que el resto de las comunidades autónomas apenas han visto modificada su posición en el *ranking* del desarrollo regional español.

Estos resultados, que nos hablan simultáneamente de movilidad y de falta de movilidad regional, plantean un dilema más aparente que real, ya que, en principio, tiene una fácil solución a través del cómputo del valor del coeficiente de correlación de rangos: este coeficiente, que sobrepasa en todos los casos el valor crítico, incluso para un nivel de significación del 1 por 100[7], nos permite afirmar que, si bien es cierto que —en relación con cada uno de los tres subperíodos de análisis considerados— el grado de movilidad en la clasificación regional en función del PIBph ha sido bastante bajo, éste se incrementa de forma notable (aunque no de manera decisiva) cuando se toman

---

[6] Esta cifra debe interpretarse de la forma siguiente: Renta per cápita de la provincia líder/Renta per cápita de las provincias que forman parte del club = 1,315; idéntica interpretación debe hacerse en relación a la cifra correspondiente al club de provincias de renta baja. La provincia líder, o provincia con renta per cápita más elevada, es Baleares.

[7] El valor crítico del coeficiente de correlación de rangos de Spearman, al nivel de significación del 1 por 100 y para un tamaño de muestra de diecisiete, es 0,666.

TABLA 3.4

Movilidad regional (ordenación según PIBph)				
CC.AA.	**1955**	**1975**	**1985**	**1995**
Andalucía	13	16	16	17
Aragón	10	10	5	7
Asturias	5	6	10	12
Baleares	8	4	1	1
Canarias	12	13	11	8
Cantabria	4	7	9	11
Castilla-La Mancha	16	14	15	13
Castilla y León	11	11	12	10
Cataluña	2	3	3	3
C. Valenciana	9	9	8	9
Extremadura	17	17	17	16
Galicia	15	15	14	14
Madrid	3	2	2	2
Murcia	14	12	13	15
Navarra	6	5	6	5
País Vasco	1	1	4	6
Rioja (La)	7	8	7	4
	1955-1975	1975-1985	1985-1995	1955-1995
Coef. correlación de rangos	0,941	0,909	0,939	0,708

Fuente: Ídem tabla 3.1.

en consideración las cuatro décadas que constituyen nuestro marco de análisis temporal. Naturalmente, este cambio de posiciones en el *ranking* regional del PIBph supone, de forma implícita, la existencia de una cierta igualdad de oportunidades entre las comunidades autónomas españolas para alcanzar similares niveles relativos de renta por persona, circunstancia ésta que hace menos gravosa la persistencia de las disparidades regionales a un nivel relativamente elevado. En todo caso, y no obstante lo dicho, el problema que subsiste en esta materia es que la mencionada movilidad relativa sólo se aprecia de forma nítida a lo largo de períodos de tiempo muy dilatados, por lo que es comprensible la preocupación que se manifiesta en determinados ámbitos políticos y sociales por el enquistamiento de las desigualdades económicas regionales, esto es, por la falta de avances sustanciales en el proceso de convergencia regional.

3.2. Las disparidades regionales en la tasa de paro

Ya mencionamos en el capítulo anterior que las disparidades regionales existentes en España en materia de tasas de desempleo eran, en los dos años entonces examinados, muy pronunciadas. Aunque esto pudiera ser suficiente para hacernos cargo de la gravedad de la situación, en particular en algunas comunidades autónomas, parece obvio indicar que una perspectiva temporal más amplia (la que va de 1955 a 1995) puede ayudar a comprender mejor algunas cuestiones relacionadas con este fenómeno y a poner de manifiesto algunos hechos estilizados importantes. En este sentido, el primero de estos hechos, tal y como se observa en la figura 3.4, es que las tasas de desempleo han seguido una trayectoria temporal bastante similar en todas las comunidades autónomas, trayectoria que se encuentra caracterizada por dos rasgos básicos: en primer lugar, por una tendencia bastante estable hasta finales de los años sesenta-primeros de los setenta y, a partir de entonces, por una senda acusadamente alcista; y, en segundo lugar, porque los picos y valles de los ciclos del desempleo se producen también de forma muy parecida (sincronizada) en todas las regiones.

Este comportamiento general no impide, sin embargo, que las comunidades autónomas hayan diferido parcialmente en su conducta, característica que se pone de relieve de forma expresa si prestamos atención a la evolución de los correspondientes índices de desigualdad. En concreto, en este sentido se aprecia que, cualquiera que sea el indicador consultado (tabla 3.5), las disparidades regionales han disminuido de forma bastante importante desde el inicio del período muestral, lo que visualmente se observa en la figura 3.5, representativa de la trayectoria temporal de la convergencia sigma. Asimismo, en este gráfico también se aprecia con bastante claridad que, aunque con algunas oscilaciones temporales (especialmente significativas en los años 1957 y 1973), tal proceso de convergencia se ha estancado prácticamente desde finales de los años setenta, por lo que se puede decir —en consonancia con la lógica económica más elemental— que en España exis-

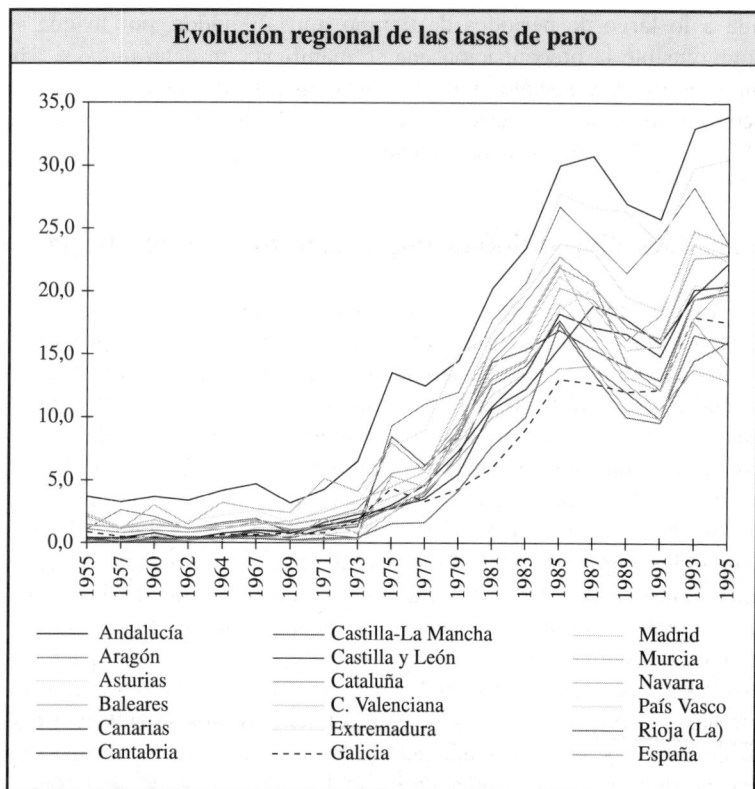

Figura 3.4

te un notable paralelismo en la evolución de la convergencia regional entre las magnitudes «PIB por habitante» y «tasa de paro».

Ahora bien, además de este importante resultado, otro de no menor calado para la comprensión del fenómeno de las disparidades regionales en materia de desempleo es el relativo a la persistencia de las mismas, dando a entender con ello que, en general, las comunidades autónomas que —en comparación con la media nacional— tenían altas o bajas tasas de paro al inicio del período muestral (1955) las seguían teniendo al final del mismo (1995). Este fenómeno, que está directamente relacionado con el aumento de la tasa de desempleo natural o no aceleradora de la inflación (véase, entre otros, a Dolado et al.,

TABLA 3.5

Disparidades regionales en la tasa de paro (Índice: España = 100))					
CC.AA.	1955	1975	1985	1991	1995
Andalucía	254,7	242,8	137,0	158,2	148,1
Aragón	21,2	49,6	80,9	60,7	69,4
Asturias	20,0	51,7	84,6	97,2	88,1
Baleares	29,5	42,1	63,4	60,9	62,2
Canarias	75,9	167,1	122,2	150,1	103,6
Cantabria	16,7	49,0	71,0	97,8	97,3
Castilla-La Mancha	28,5	151,9	77,3	79,5	88,0
Castilla y León	28,0	54,2	83,2	91,5	89,5
Cataluña	76,5	50,6	104,0	75,0	86,7
C. Valenciana	92,9	65,9	97,2	96,2	97,9
Extremadura	133,6	136,5	126,9	146,3	133,4
Galicia	59,3	78,5	59,5	74,8	76,8
Madrid	158,1	80,8	101,1	74,5	91,3
Murcia	147,4	143,2	92,7	111,2	103,4
Navarra	7,9	95,7	86,8	65,3	56,4
País Vasco	6,2	43,2	108,8	113,5	100,2
Rioja (La)	19,6	27,9	79,6	59,0	70,1
España	100,0	100,0	100,0	100,0	100,0
Media	69,2	90,1	92,7	94,8	91,9
Desviación típica	68,9	58,6	21,9	31,9	23,3
Coef. variación	0,996	0,651	0,236	0,336	0,254
Índice de Theil (*100)	33,652	19,894	2,560	5,114	2,829

Fuente: Ídem tabla 3.1.

1986; Andrés y García, 1990, y Andrés et al., 1990) y que es ilustrativo de una muy escasa movilidad en la posición de las regiones, se pone de relieve sin más que observar la figura 3.6, en la que se aprecia la existencia de una elevada correlación (el coeficiente de determinación es 0,82) entre las tasas medias de paro regional en los subperíodos 1955-1975 y 1975-1995. Por otro lado, aunque quizá de forma algo más precisa y contundente, este mismo resultado se deduce de la consideración de las cifras de la tabla 3.6, en la que se da cuen-

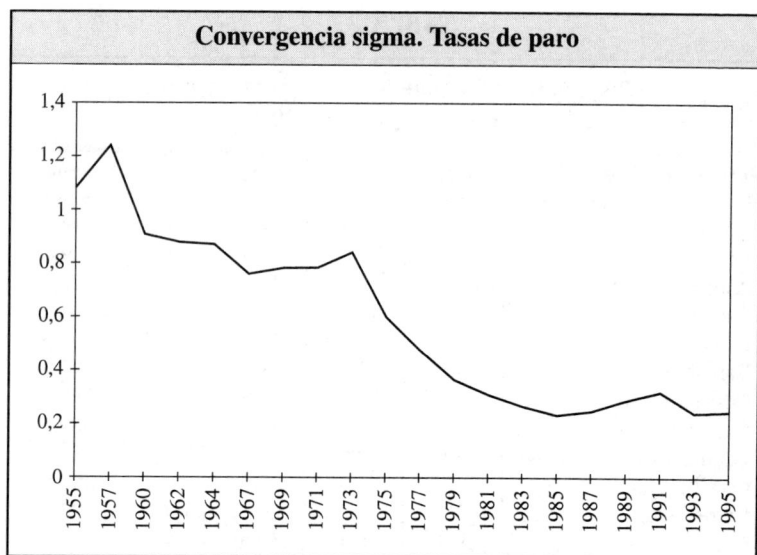

Figura 3.5

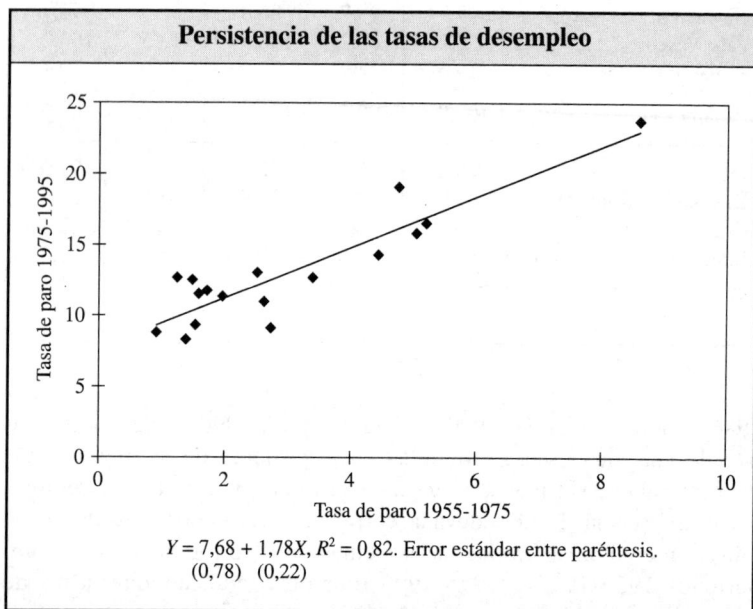

$Y = 7,68 + 1,78X$, $R^2 = 0,82$. Error estándar entre paréntesis.
(0,78)   (0,22)

Figura 3.6

TABLA 3.6

Persistencia del desempleo regional. Coeficiente de correlación (diferencias)

Años	1955	1957	1960	1962	1964	1967	1969	1971	1973	1975	1977	1979	1981	1983	1985	1987	1989	1991	1993	1995
1955	1,00																			
1957	0,81	1,00																		
1960	0,91	0,88	1,00																	
1962	0,94	0,87	0,89	1,00																
1964	0,93	0,81	0,94	0,94	1,00															
1967	0,91	0,84	0,90	0,96	0,96	1,00														
1969	0,93	0,71	0,90	0,88	0,91	0,92	1,00													
1971	0,78	0,49	0,79	0,73	0,86	0,77	0,87	1,00												
1973	0,86	0,60	0,78	0,83	0,84	0,85	0,94	0,86	1,00											
1975	0,73	0,79	0,76	0,80	0,81	0,81	0,65	0,62	0,61	1,00										
1977	0,70	0,86	0,74	0,80	0,75	0,81	0,62	0,46	0,54	0,89	1,00									
1979	0,67	0,65	0,63	0,72	0,66	0,73	0,63	0,51	0,52	0,70	0,87	1,00								
1981	0,57	0,66	0,61	0,65	0,56	0,66	0,55	0,42	0,44	0,63	0,80	0,91	1,00							
1983	0,60	0,68	0,62	0,68	0,58	0,68	0,57	0,38	0,44	0,61	0,80	0,92	0,98	1,00						
1985	0,67	0,72	0,68	0,75	0,68	0,75	0,64	0,46	0,50	0,63	0,82	0,92	0,90	0,94	1,00					
1987	0,62	0,70	0,66	0,77	0,70	0,78	0,64	0,47	0,59	0,64	0,83	0,85	0,83	0,87	0,91	1,00				
1989	0,56	0,63	0,58	0,71	0,65	0,73	0,58	0,44	0,59	0,66	0,83	0,81	0,71	0,76	0,81	0,95	1,00			
1991	0,59	0,74	0,69	0,73	0,71	0,75	0,60	0,46	0,54	0,72	0,87	0,77	0,69	0,73	0,81	0,92	0,96	1,00		
1993	0,69	0,77	0,76	0,82	0,78	0,83	0,70	0,52	0,62	0,73	0,87	0,78	0,71	0,76	0,81	0,90	0,92	0,96	1,00	
1995	0,76	0,71	0,74	0,85	0,79	0,84	0,76	0,60	0,76	0,69	0,79	0,76	0,68	0,73	0,79	0,89	0,92	0,91	0,94	1,00

Fuente: ídem tabla 3.1.

ta de los coeficientes de correlación de los diferenciales (región-nación) en la tasa de desempleo existentes entre un año cualquiera y todos los demás; en este sentido se aprecia, en efecto, que los coeficientes de correlación registran —en líneas generales— valores bastante elevados que sólo disminuyen de forma muy lenta a medida que aumenta la distancia entre los años objeto de consideración.

Naturalmente, la persistencia mostrada en las tasas de paro regionales —relacionada estrechamente con la caída en la movilidad neta de la mano de obra de unas regiones a otras, así como con la presencia de *mismatch* (o fenómeno de desajuste entre la oferta y demanda de trabajo, motivado por razones tales como la falta de movilidad geográfica de la mano de obra, la heterogeneidad de ésta, la existencia de información imperfecta en los agentes, etc.) a escala regional— es uno de los factores que, desde nuestro punto de vista y el de otros autores, más ha contribuido en los últimos años a frenar la convergencia de las comunidades autónomas en lo que afecta a los niveles de renta por persona; la eliminación o reducción de este fenómeno es necesaria, por tanto, para seguir avanzando por la senda de la convergencia regional en España.

3.3. Las regiones españolas en el marco europeo[8]

Para los españoles, la Europa de allende los Pirineos ha constituido, en todo momento, un referente de primordial importancia, tanto en las esferas política, social y cultural como en la estrictamente económica. En este último apartado, y sobre todo a partir de nuestra integración plena en lo que hoy constituye la UE, el afán por acortar diferencias, por converger a los niveles de renta y riqueza de nuestros socios más avanzados, ha constituido y constituye uno de los objetivos prioritarios (explícitos e implícitos) de nuestra política económica. Y, aunque es evidente que, según cuáles sean las fuentes de información estadística utilizadas, los logros obtenidos en esta materia muestran a veces discrepancias importantes, no lo es menos que todas estas fuentes coinciden en señalar que, durante la década 1986-1995, al igual que en el bienio 1996-1997, se han reducido las distancias que nos separan de los países que conforman el núcleo duro de la UE.

---

[8] Este epígrafe reproduce algunos párrafos de un trabajo previo del autor. Véase Villaverde (1997b).

Desde el punto de vista regional puede hablarse, asimismo, de un acercamiento generalizado a los niveles económicos medios imperantes en la UE, bien que con discrepancias sustanciales entre las distintas comunidades autónomas; más en concreto, es preciso reconocer que las regiones españolas han experimentado, en los últimos años, un proceso de convergencia con Europa en materia de renta per cápita y un proceso de divergencia (o, cuando menos, de falta de convergencia) en materia de tasa de desempleo. En todo caso, conviene resaltar (y sobre ello se incidirá más adelante) que, dado que la producción por ocupado (o productividad aparente del factor trabajo) es muy similar entre las regiones españolas y la media comunitaria, la verdadera causa de nuestros problemas de convergencia (tanto de renta como de paro) radica en el relativamente bajo nivel que alcanza en nuestras comunidades autónomas la tasa de ocupación. Así pues, son las deficiencias en el funcionamiento de nuestro mercado de trabajo (en particular su rigidez y falta de integración espacial) las que explican, en buena medida, las divergencias reales que existen entre las regiones españolas y el nivel representado por la media comunitaria.

Los rasgos más representativos del lugar que ocupan nuestras comunidades autónomas en el entramado regional de la UE, y de su evolución reciente (desde mediados de la década de los ochenta), pueden sintetizarse, a nuestro juicio, en los tres puntos siguientes:

1. El avance de la convergencia regional en PIBph, mencionado previamente, no se produjo con igual intensidad a lo largo del tiempo, distinguiéndose con claridad dos períodos: por un lado, hay un primer período, que llega hasta 1991, en el que la convergencia frente a la media europea se produjo a un ritmo bastante intenso; por otro lado, la cruz de la moneda se pone de manifiesto en un segundo período, que se inicia a partir de 1991, en el que la convergencia real con la UE se produjo de forma mucho más pausada que en la etapa anterior, ocurriendo incluso que, en algunos momentos, tuvo lugar un cierto retroceso en el mencionado proceso de convergencia. Asimismo, hay que resaltar que aunque durante 1996 y 1997 también se ha dado un nuevo paso adelante en el camino de la convergencia real española con la media europea, es preciso recordar que, desde el punto de vista regional, los avances se han manifestado de forma generalizada, pero, por desgracia, no unánime.

Observada la totalidad de la década con una perspectiva regional individualizada, que en algunas ocasiones es la que mejor permite discernir lo ocurrido, se aprecia asimismo (tabla 3.7) que la convergencia lograda no se produjo de manera uniforme en todas y cada una de las comunidades autónomas. En concreto, sobre este particular se pueden subrayar, como más destacados, los siguientes hechos:

a) Aunque todas las regiones españolas, con la única excepción de Asturias, lograron incrementos del PIB supe-

TABLA 3.7

Convergencia regional con la UE: PIB por habitante (1985-1995)				
CC.AA.	**Crecimiento (%)**			**Nivel**	
	PIB	**Población**	**PIBph**	**1985**	**1995**
Andalucía	3,35	0,56	2,78	50,35	55,06
Aragón	2,76	−0,17	2,93	77,57	84,11
Asturias	1,79	−0,40	2,20	67,33	68,03
Baleares	4,01	1,15	2,83	105,80	119,75
Canarias	4,24	0,84	3,37	67,07	79,93
Cantabria	2,42	0,02	2,39	68,99	71,72
Castilla-La Mancha	3,60	−0,09	3,69	54,30	63,81
Castilla y León	3,01	−0,42	3,44	62,91	71,13
Cataluña	3,20	0,14	3,05	87,02	96,86
Extremadura	3,08	−0,29	3,38	46,51	53,63
Galicia	3,15	−0,32	3,48	56,80	65,77
La Rioja	3,40	0,09	3,31	76,85	85,13
Madrid	2,80	0,49	2,30	92,18	99,87
Murcia	3,27	0,73	2,52	59,18	62,32
Navarra	4,00	0.14	3,86	77,08	91,71
País Vasco	2,89	−0,40	3,31	78,13	88,05
C. Valenciana	3,12	0,43	2,68	73,51	78,83
España	3,14	0,20	2,93	70,55	78,18
Unión Europea	2,24	0,40	1,83	100,00	100,00

Nota: Crecimiento % = Tasa de crecimiento anual acumulativo.
Fuente: F. Pérez et al., *Capitalización y crecimiento en España y sus regiones. 1955-1995,* Fundación BBV.

riores a la media europea, las que tuvieron un comportamiento más expansivo fueron las regiones del área medi-
terránea y valle del Ebro (menos Aragón), junto con Canarias, Castilla-La Mancha y Andalucía; por el contrario,
las comunidades que anotaron unos resultados menos favorables se sitúan, sobre todo, en la cornisa cantábrica y
en el centro del país. Tal y como se expuso con anterioridad (véase, en este mismo capítulo, el epígrafe dedicado
a los ejes económicos y clubes de convergencia), el hecho
de que las regiones más dinámicas se concentren fundamentalmente en torno al llamado Arco Mediterráneo hace
pensar de nuevo que éste conforma el verdadero eje del
crecimiento económico español, eje que constituye, a su
vez, una prolongación más o menos natural de uno de los
corredores económicos europeos más importantes y diná-
micos.

b) Que, tal y como se puso indirectamente de manifiesto en
la figura 3.3, la evolución demográfica —que fue mucho
menos intensa en nuestro país que en la UE— ha diferido
de forma muy acusada entre comunidades autónomas, ya
que algunas han logrado unos crecimientos promedio relativamente elevados (Baleares, Canarias y Murcia) al
tiempo que otras han obtenido registros negativos de gran
intensidad (Asturias, País Vasco, Extremadura y Castilla y
León). En general, sin embargo, existe en la esfera regional una cierta correlación positiva entre el crecimiento de
la producción y la evolución demográfica.

c) Que, como consecuencia de los dos desarrollos mencionados, todas las regiones españolas sin excepción vieron mejorada su posición relativa frente a la media comunitaria,
mejora que, sin embargo, tiene una valoración radicalmente
distinta en unos casos y otros. Como no podía ser de otra
forma, esta valoración es totalmente positiva en aquellas
regiones que, simultáneamente, lograron unos aumentos del
PIB y de la población superiores a la media europea (Andalucía, Baleares, Canarias, Madrid, Murcia y Valencia),
mientras que tal valoración no es tan positiva en aquellas
otras que, pese a conseguir mejores registros en materia de
PIB que la media comunitaria, sus resultados demográficos
no sólo fueron peores que los de la referida media, sino

incluso negativos (las cuatro regiones mencionadas en el punto *b*) más Castilla-La Mancha y Aragón); en todo caso, el ejemplo más negativo de todos es el suministrado por la comunidad autónoma asturiana, pues, aunque es cierto que mejoró su posición frente a la UE, lo hizo únicamente gracias a que, en términos relativos, el deterioro demográfico fue más intenso que el productivo.

2. Así como en materia de PIBph se han reducido las diferencias frente a la media comunitaria, lo contrario ha sucedido en relación con la tasa de paro, ámbito en el cual las regiones españolas se comportaron relativamente bien en el período expansivo (con caídas de la tasa entre cuatro y siete puntos porcentuales) y muy mal en el período siguiente, en el que anotaron incrementos generalizados que anularon totalmente las ganancias de la fase anterior. En consecuencia, no sólo no se han limado diferencias entre nuestras comunidades autónomas y la media europea, sino que, además, la comparación con las regiones comunitarias que presentan mejores registros sigue siendo absolutamente desfavorable y desalentadora para nuestras regiones: en efecto, si la media de las diez regiones europeas con menor tasa de paro no alcanza siquiera el nivel del 4 por 100, las regiones españolas con tasas más baja (Navarra) y más alta (Andalucía) triplican y casi multiplican por nueve, respectivamente, este registro.

3. A lo largo de la década objeto de análisis (que coincide con la de la integración española en la UE), la mayoría de las comunidades autónomas también consiguieron —en comparación con la media europea— avances significativos en materia de productividad (tabla 3.8), terreno en el que no sólo el nivel español es ya prácticamente similar al de la UE, sino en el que, además, se registra la existencia de un notable grupo de regiones (Baleares, Madrid, Cataluña y, en menor medida, País Vasco, Navarra y La Rioja) que alcanzan resultados superiores a los de la media comunitaria. Pues bien, teniendo en cuenta que la producción por ocupado (esto es, la productividad aparente del factor trabajo) es muy similar entre las regiones españolas y la referida media y que, sin embargo, el PIB por habitante es sensiblemente menor, se deduce que la verdadera causa de nuestros problemas de convergencia real con la UE (tanto

TABLA 3.8

Convergencia regional con la UE: productividad, actividad y ocupación				
CC.AA.	Productividad			Tasa de
	Cto. %	Nivel	Nivel	actividad	ocupación
	1985-1995	1985	1995	1995	1955
Andalucía	1,68	84,52	85,59	46,7	31,2
Aragón	1,68	96,42	95,40	46,7	39,1
Asturias	2,83	80,88	89,67	41,8	33,1
Baleares	1,64	128,32	128,41	51,6	44,5
Canarias	1,85	93,92	99,57	50,8	38,8
Cantabria	2,64	83,41	91,59	45,6	35,9
Castilla-La Mancha	3,53	71,79	85,75	42,9	34,1
Castilla y León	2,94	80,44	89,36	44,4	35,4
Cataluña	1,06	117,44	105,48	51,7	41,4
Extremadura	2,75	71,25	79,71	44,7	31,0
Galicia	4,50	56,13	73,97	47,9	39,7
La Rioja	2,20	98,80	100,73	46,2	38,9
Madrid	0,66	124,39	118,27	48,6	38,5
Murcia	1,44	80,56	82,41	49,3	38,4
Navarra	2,55	94,04	101,68	47,6	41,7
País Vasco	1,91	101,67	103,18	49,5	38,2
C. Valenciana	1,30	95,88	92,63	50,4	39,3
España	1,90	93,56	96,99	48,2	37,2
Unión Europea	1,61	100,00	100,00	55,2	49,3

Nota: Crecimiento % = Tasa de crecimiento anual acumulativo.
Fuente: F. Pérez et al., *Capitalización y crecimiento en España y sus regiones. 1955-1995,* Fundación BBV, y EUROSTAT, *Statistiques en bref. Regions, 3, 1996.*

en renta por habitante como en tasa de paro) radica en el bajo nivel que alcanza en nuestras regiones la tasa de ocupación; en consecuencia, ratificamos la opinión manifestada al comienzo de esta sección de que el mal funcionamiento del mercado de trabajo español es uno de los factores clave que hay que tomar en consideración para explicar las divergencias reales existentes entre nuestras comunidades autónomas y la UE.

En efecto, aparte de la estructura ocupacional por grandes sectores productivos, que tiene una influencia indudable sobre la capacidad de generación de empleo y, por tanto, sobre la generación de producto y la reducción del paro, es obvio que las diferencias en las tasas de actividad y, sobre todo, en las tasas de ocupación están en la base misma del problema de convergencia en renta per cápita que nuestras regiones tienen frente a la media europea. En este sentido, la información transcrita en la última columna de la tabla 3.8 pone de manifiesto la entidad de las discrepancias existentes, mostrando, por un lado, que las tasas de ocupación son mucho menores en España que en la UE y, por otro, que el abanico de valores regionales está, asimismo, bastante abierto, ya que refleja un diferencial mínimo de casi cinco puntos porcentuales en el caso de Baleares y uno máximo de más de diecinueve puntos en el caso de Extremadura. Además, sobre este particular parece apreciarse también la existencia de una correlación bastante estrecha (y directa) entre las tasas de actividad y ocupación, por un lado, y entre las tasas de ocupación y el nivel relativo de la renta per cápita por otro, de manera tal que, como norma general, las regiones que tienen una mayor (menor) tasa de actividad suelen tener también una mayor (menor) tasa de ocupación y, a su vez, una mayor (menor) renta per cápita.

El análisis de la convergencia regional española con la UE realizado en las párrafos precedentes se ha limitado a la década 1985-1995, un período que, dado que todo proceso de convergencia es —necesariamente— un fenómeno a largo plazo, puede resultar demasiado pequeño como para permitir extraer conclusiones significativas. En consecuencia, puede resultar de interés contrastar si las conclusiones previamente obtenidas se mantienen también *(grosso modo)* para un horizonte temporal más dilatado, cual es, por ejemplo, el que va desde 1960 hasta 1996; si esto fuera así, habría que convenir que tal proceso de convergencia ha sido uniforme en el tiempo, mientras que, en caso contrario, sería preciso identificar los distintos subperíodos en que se desglosa el período completo.

Pues bien, tal y como se aprecia en la figura 3.7, la mera contemplación de la evolución temporal de los PIBph relativos (entendidos como el PIBph que se obtiene cuando se da al de la UE el valor 100) pone de manifiesto que la uniformidad arriba mencionada no se produjo en absoluto, diferenciándose con bastante nitidez tres subperíodos: el primero, que abarca los años de fuerte crecimiento económico y llega hasta mediados de los setenta, supuso un recorte genera-

Convergencia real con la Unión Europea (EUR = 100)

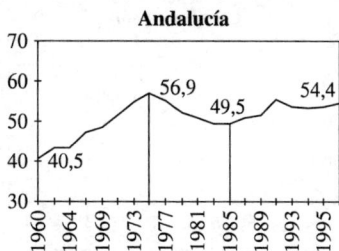

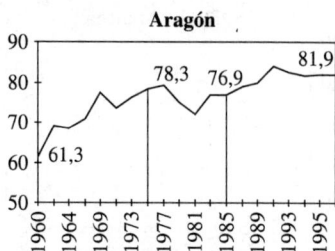

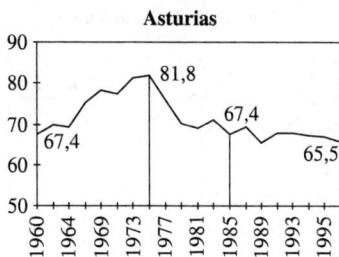

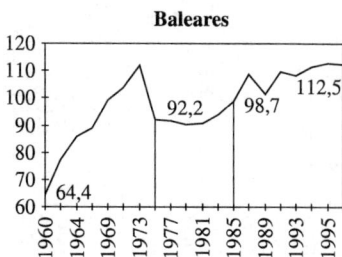

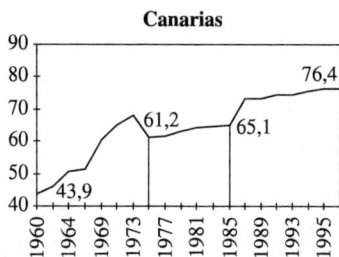

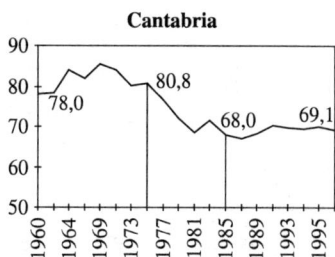

Andalucía

40,5 · 56,9 · 49,5 · 54,4

Aragón

61,3 · 78,3 · 76,9 · 81,9

Asturias

67,4 · 81,8 · 67,4 · 65,5

Baleares

64,4 · 92,2 · 98,7 · 112,5

Canarias

43,9 · 61,2 · 65,1 · 76,4

Cantabria

78,0 · 80,8 · 68,0 · 69,1

Figura 3.7

Convergencia real con la Unión Europea (EUR = 100)

Castilla-La Mancha

Castilla y León

Cataluña

Comunidad Valenciana

Extremadura

Galicia

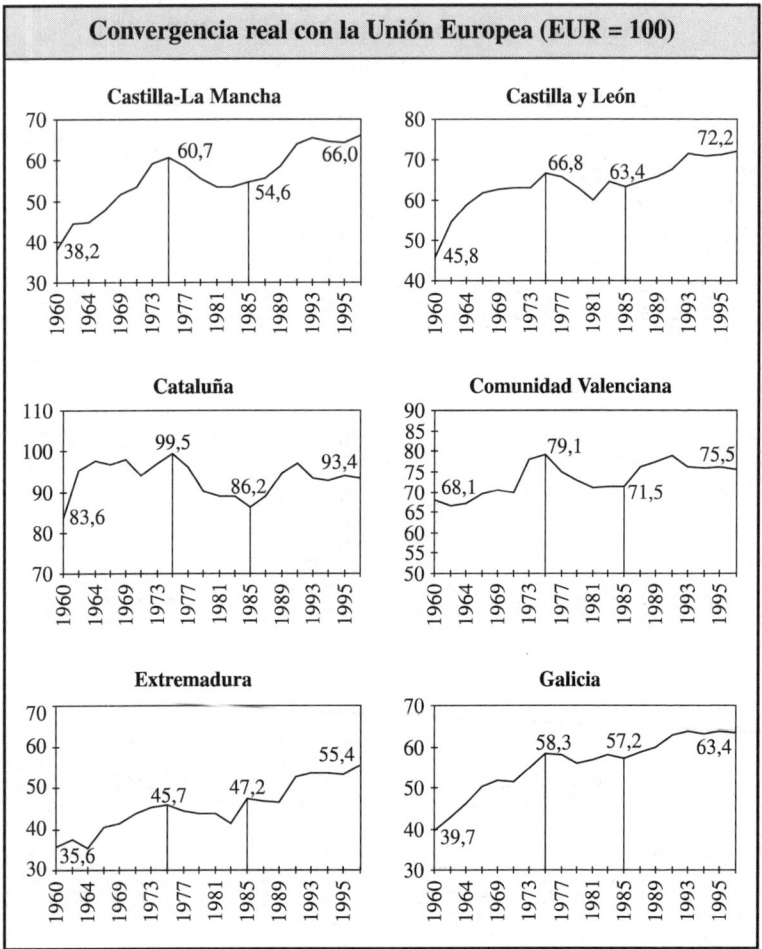

Figura 3.7 *(continuación)*.

Convergencia real con la Unión Europea (EUR = 100)

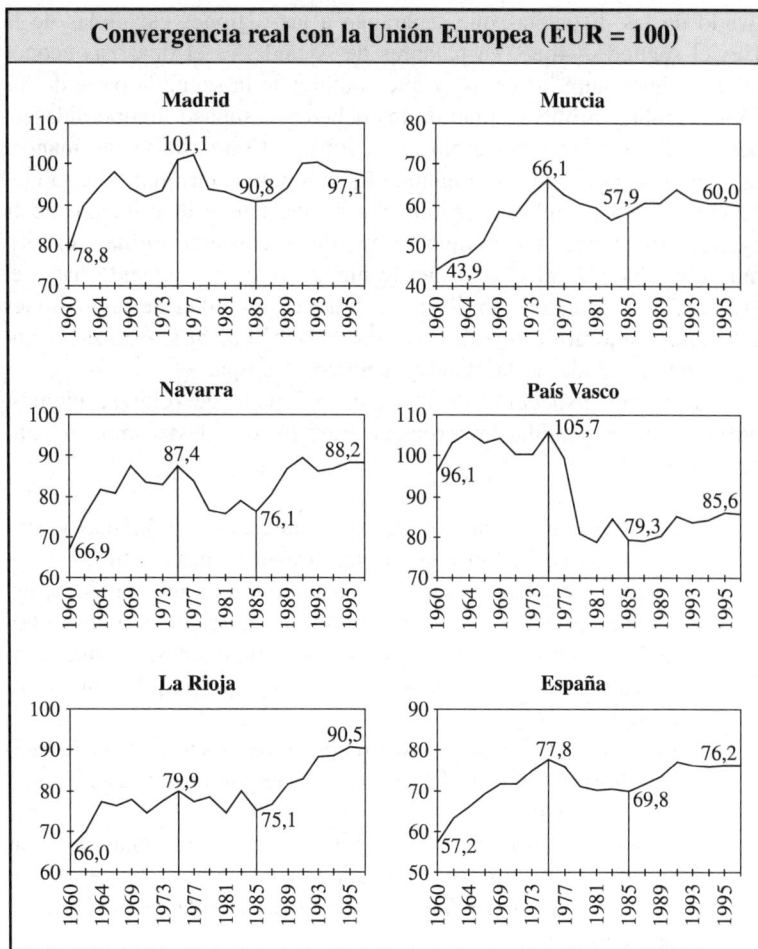

Madrid

101,1
90,8
97,1
78,8

Murcia

66,1
57,9
60,0
43,9

Navarra

87,4
88,2
76,1
66,9

País Vasco

105,7
96,1
79,3
85,6

La Rioja

90,5
79,9
75,1
66,0

España

77,8
76,2
69,8
57,2

Figura 3.7 *(continuación).*

lizado de las distancias que separaban a las regiones españolas de la UE; el segundo —que, en palabras de Alcaide, es el de crisis económica y ajuste ante las crisis, y que comprende la segunda parte de los años setenta y primera mitad de los ochenta— supuso una pérdida generalizada de posiciones frente a la Europa Comunitaria, de manera tal que la mayoría de las comunidades autónomas terminaron esta etapa con un PIBph relativo menor que el que tenían al principio de la misma; finalmente, tal y como se manifestó con anterioridad, el último subperíodo es el que va desde mediados de los ochenta hasta el presente, observándose en él que la práctica totalidad de las regiones españolas mejoraron en este caso sus PIBph relativos, esto es, avanzaron por la senda de la convergencia con Europa.

La simple inspección de la figura 3.7 pone de relieve, además, otros rasgos de singular importancia, entre los que destacamos los cinco siguientes:

1. Aunque la gran mayoría de las comunidades autónomas vieron mejorado su PIBph relativo, hay tres regiones (Asturias, Cantabria y País Vasco) que experimentaron un empeoramiento del mismo; esto es, observado en su conjunto, el período 1960-1996 no sólo no supuso, para estas comunidades, ningún avance en el proceso de convergencia sino que implicó un retroceso.

2. La comunidad catalana, si exceptuamos el salto producido entre 1960 y 1962, no ha conseguido mejorar su situación relativa en la UE.

3. Baleares y Canarias son las comunidades autónomas que más significativamente han avanzado por la senda de la convergencia, con unas ganancias respectivas de más de 48 y 32 puntos porcentuales

4. Además de las dos mencionadas en el punto anterior, las regiones que mejor soportaron los años de crisis fueron Aragón, Castilla y León, Extremadura y Galicia. Puesto que en todas estas comunidades la presencia del sector industrial no es muy elevada, este resultado constituye una muestra clara (aunque indirecta) de que la crisis mencionada fue, por encima de todo, una crisis industrial. Naturalmente, otra forma de apreciar este resultado es a través de la observación de la fuerte caída experimentada por el PIBph relativo de las comunidades autónomas especializadas en el sector industrial (Asturias, Canta-

bria, Cataluña, Comunidad Valenciana, Madrid, Navarra y País Vasco).

5. Por último, si observamos el perfil de la convergencia de España con la UE y lo confrontamos con el de todas y cada una de las comunidades autónomas, se pone de manifiesto, como ya señalara Raymond (1995), que, en líneas generales, las regiones españolas convergen con la media europea sólo cuando lo hace España como nación. En consecuencia, creemos que la propuesta de García, Raymond y Villaverde (1995) de que una *vía eficiente para que las zonas deprimidas españolas converjan con los niveles medios de renta europeos es lograr el crecimiento global de la economía española* es una propuesta razonable, que trata de aunar los aspectos de eficiencia productiva con los de equidad o redistribución.

4 Las disparidades regionales en el PIBph: algunos factores explicativos

Las disparidades entre las regiones son expresión de la diversidad de las circunstancias que las caracterizan: una combinación de sus pautas históricas de desarrollo y de su capacidad de adaptación a un mundo (...) que cambia con gran rapidez. De esta forma, tan genérica y precisa al mismo tiempo, sintetiza el «Quinto informe periódico sobre la situación y la evolución socioeconómica de las regiones de la Comunidad» (Comisión Europea, 1994) los factores causantes de la existencia de disparidades regionales. Entre estos factores, algunos de los cuales serán examinados indirectamente —y con una perspectiva distinta— en la segunda parte de este trabajo, se contabilizan elementos tales como los equipamientos en infraestructuras, las dotaciones de capital humano, las inversiones en investigación y desarrollo, la capacidad para atraer inversiones extranjeras, etc.

Pues bien, con independencia de que estos sean algunos de los factores que, en último término, más contribuyen a determinar el comportamiento económico de las regiones y, por tanto, a la existencia de disparidades entre ellas, es obvio también que hay que contabilizar otros factores más inmediatos que, en buena medida, ayudan a entender dónde se localizan tales disparidades y el porqué de las mismas.

En este sentido, abordamos en este capítulo la identificación de algunos de estos factores inmediatos, para lo que nos centramos en el desarrollo de dos enfoques analíticos distintos, pero complementarios: por un lado —e insistiendo en algo que ya se avanzó en el capítulo anterior— efectuamos una descomposición del PIB per cápita en sus elementos constitutivos (productividad y tasa de ocupación) y, por otro, abordamos el estudio de las diferencias en las tasas de crecimiento del PIB que cada una de las comunidades autónomas mantiene con la nación mediante el empleo de la conocida técnica de análisis *shift-share*. El capítulo concluye, a modo de recopilación, con una sucinta referencia a algunos de los factores que, de acuerdo con la nueva teoría del crecimiento económico, se han encontrado más significativos en la mayoría de los estudios realizados sobre el proceso de convergencia regional en España.

4.1. Descomposición factorial de la desigualdad interregional

Una de las aproximaciones más convencionales, sencillas y fructíferas que existen para entender la conducta de una variable concreta consiste en descomponer la misma en una serie determinada de elementos constitutivos y, posteriormente, examinar su comportamiento por separado.

Tratando de aplicar este enfoque a la dinámica de las disparidades regionales españolas en materia de PIBph, uno de los indicadores más socorridos (que es precisamente el que hemos elegido para nuestro análisis) es el índice de Theil, ya que admite una fácil descomposición de su valor en dos elementos de gran significado económico, como son los previamente mencionados de la productividad y la tasa de ocupación. En efecto, considerando que el índice de Theil del PIBph puede escribirse como se indica en la nota de la tabla 4.1, se aprecia fácilmente que el mismo se puede descomponer en dos sumandos, el primero de los cuales es representativo del índice de Theil de la productividad, al tiempo que el segundo (que no es un índice de Theil en sentido estricto) refleja la influencia que la tasa de ocupación y la tasa de actividad tienen en la determinación del nivel alcanzado por el índice de Theil del PIBph.

Pues bien, la aplicación de este método de descomposición de los valores del PIBph a las regiones españolas a lo largo del período 1955-1995 ha resultado en la obtención de los valores indicados en la tabla 4.1 (cuya representación se efectúa, a su vez, en la figura 4.1), lo que permite extraer, al menos, tres conclusiones de interés:

— La primera, que corrobora lo dicho con anterioridad a través del cómputo de la convergencia sigma, es que las disparidades regionales en materia de PIBph han ido disminuyendo con el tiempo hasta finales de los años setenta, estabilizándose posteriormente.

— La segunda conclusión, algo más novedosa que la anterior, es que un proceso muy similar (aunque más claramente convergente en el tiempo, pues en ningún momento ha llegado a mos-

TABLA 4.1

	Descomposición del índice de Theil del PIBph					
Años	Niveles			Índices		
	Índice	Productividad	Resto	Índice	Productividad	Resto
1955	7,054	5,407	1,647	100,0	76,6	23,4
1957	6,255	4,428	1,827	100,0	70,8	29,2
1960	5,431	3,971	1,460	100,0	73,1	26,9
1962	5,671	3,975	1,697	100,0	70,1	29,9
1964	5,864	3,995	1,869	100,0	68,1	31,9
1967	4,748	3,461	1,287	100,0	72,9	27,1
1969	4,211	3,228	0,982	100,0	76,7	23,3
1971	3,407	2,882	0,526	100,0	84,6	15,4
1973	2,995	2,584	0,411	100,0	86,3	13,7
1975	2,988	2,250	0,738	100,0	75,3	24,7
1977	3,016	2,228	0,787	100,0	73,9	26,1
1979	2,546	2,011	0,536	100,0	79,0	21,0
1981	2,490	1,754	0,736	100,0	70,4	29,6
1983	2,740	1,693	1,047	100,0	61,8	38,2
1985	2,445	2,297	0,148	100,0	93,9	6,1
1987	2,387	1,633	0,754	100,0	68,4	31,6
1989	2,654	1,622	1,032	100,0	61,1	38,9
1991	2,467	1,362	1,105	100,0	55,2	44,8
1993	2,426	1,266	1,160	100,0	52,2	47,8
1995	2,443	0,959	1,484	100,0	39,3	60,7

Nota: El índice de Theil puede escribirse como:

$$I = \sum_i (y_i/y) \ln[(y_i/p_i)/(y/p)]$$

Donde y es el PIB, p la población y e el volumen de empleo, y donde el subíndice i hace referencia a la región i-ésima y donde las variables sin subíndice se refieren a la nación. Teniendo en cuenta que

$$y_i/p_i = (y_i/e_i)(e_i/p_i)$$

la expresión inicial se puede reescribir como la suma de dos elementos, el primero de los cuales es representativo del índice de Theil de la productividad, mientras que el segundo refleja la influencia que la tasa de ocupación y la tasa de actividad tienen en la determinación del nivel alcanzado por el índice de Theil del PIBph. Obsérvese, en todo caso, que este último sumando no es un índice de Theil propiamente dicho:

$$I = \sum_i (y_i/y) \ln[(y_i/e_i)/(y/e)] + \sum_i (y_i/y) \ln[(e_i/p_i)/(e/p)]$$

Fuente: Ídem tabla 3.1.

Índice de Theil del PIBph y sus componentes

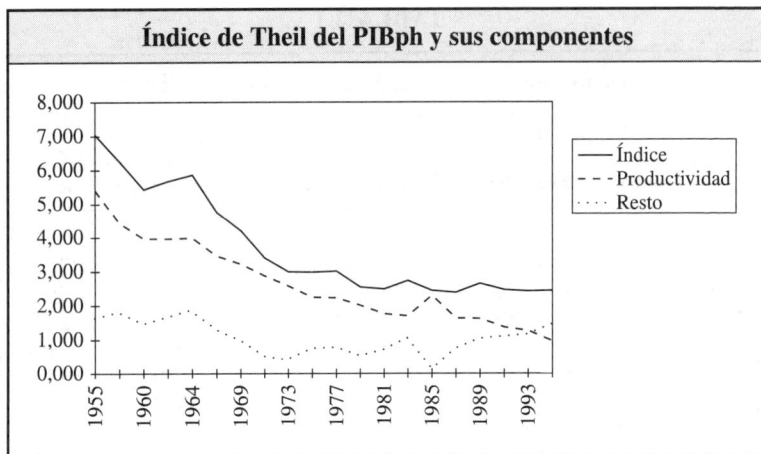

Figura 4.1

trar signos claros de estancamiento) se produjo también en relación con la productividad.

— La tercera y última conclusión es que las disparidades regionales en materia de productividad, que en los primeros años del período objeto de estudio eran el componente que mejor explicaba las diferencias regionales en PIBph, han perdido en los últimos tiempos (con la excepción del atípico 1985) capacidad explicativa; en consecuencia, han ganado peso como factor explicativo de las mencionadas disparidades regionales en el PIBph los aspectos laborales, de manera tal que, por ejemplo, la acción conjunta de las diferencias en las tasas de actividad y de ocupación[1] explican, en 1995, más del 60 por 100 del total de la disparidad regional en el PIBph, cuando en 1955 tales diferencias sólo explicaban el 23 por 100. Esta última conclusión es, creemos, de gran relevancia desde el punto de vista de la política económica, pues, en definitiva, lo que nos viene a decir es que la flexibilización del mercado de trabajo es una condición necesaria para seguir avanzando en la reducción de las disparidades regionales.

---

[1] En el cómputo del índice de Theil la tasa de ocupación se entiende como el cociente entre ocupados y población total; por el contrario, en la literatura convencional la tasa de ocupación viene dada por el cociente entre ocupados y población activa.

4.2. La evolución económica de las regiones españolas: un análisis *shift-share*

En relación con el segundo enfoque explicativo de la evolución de las disparidades regionales en materia de PIBph, nuestra atención se va a centrar ahora en tratar de entender lo ocurrido con el numerador de la expresión, esto es, con el PIB, ya que (en un planteamiento económico) consideramos que esta variable es mucho más representativa que la población.

Aunque ya en la figura 3.2 se puso de manifiesto la desigual evolución regional del PIB, la descomposición de esta variable en sus elementos constitutivos aporta de nuevo información de cierto interés para comprender la dinámica de las disparidades regionales. Para llevar a cabo esta desagregación hacemos uso de la conocida técnica de análisis *shift-share*, la cual permite descomponer la variación absoluta que experimenta la variable de referencia (en nuestro caso el Valor Añadido Bruto, o VAB[2]) en tres elementos, uno representativo del crecimiento nacional (N), otro ilustrativo de la composición sectorial (S) y otro que refleja la posición competitiva (C).

En concreto, la descomposición de la variación absoluta del VAB del sector j de la región i se ha realizado de acuerdo con las fórmulas indicadas en la nota de la tabla 4.2. La aplicación se ha hecho para una desagregación en 24 sectores de actividad y para el período 1985-1991[3], obteniéndose los resultados que se recogen en la mencionada tabla 4.2, a partir de los cuales se ponen de manifiesto los hechos siguientes:

1. Las regiones que anotaron un crecimiento diferencial más positivo fueron Castilla-La Mancha, Canarias, Navarra y Andalucía, mientras que las que anotaron un diferencial de crecimiento más negativo fueron Asturias, Cantabria, Castilla y León y el País Vasco.

---

[2] Aunque en la mayoría de los casos hacemos referencia al PIB, en no pocas ocasiones la variable realmente utilizada es el VAB, ya que la equivalencia entre una y otra es prácticamente total. De hecho, el VAB a precios de mercado es igual al PIB a precios de mercado menos el IVA que grava los productos y los impuestos netos ligados a las importaciones (excluido el IVA).

[3] La desagregación productiva en 24 sectores de actividad sólo está disponible, para los años impares, a partir de 1983 y hasta 1993. Puesto que el período 1985-1991 tiene un significado económico claro, al corresponderse con la última etapa expansiva de la economía española, parece un candidato idóneo para aplicar la técnica *shift-share*.

TABLA 4.2

CC.AA.	A	B	(A – B)	Efecto estructural	Efecto dinámico
Andalucía	202,6	196,6	5,9	1,0	5,0
Aragón	190,0	196,6	–6,6	–0,1	–6,5
Asturias	173,5	196,6	–23,2	–5,7	–17,5
Baleares	197,6	196,6	1,0	9,1	–8,1
Canarias	207,2	196,6	10,5	11,5	–1,0
Cantabria	181,9	196,6	–14,7	–5,0	–9,7
Castilla-La Mancha	207,9	196,6	11,2	0,0	11,3
Castilla y León	186,2	196,6	–10,4	1,5	–11,9
Cataluña	199,8	196,6	3,2	–2,5	5,7
C. Valenciana	195,5	196,6	–1,1	–1,9	0,7
Extremadura	197,4	196,6	0,8	4,9	–4,1
Galicia	191,4	196,6	–5,2	0,6	–5,8
Madrid	198,1	196,6	1,5	2,8	–1,3
Murcia	200,1	196,6	3,4	1,2	2,3
Navarra	206,8	196,6	10,1	–2,5	12,7
País Vasco	188,3	196,6	–8,3	–8,1	–0,2
Rioja (La)	193,6	196,6	–3,0	–6,0	3,0

Nota: La descomposición de la variación absoluta del VAB del sector j de la región i viene dada por la expresión

$$\Delta VAB_{ji} = N_{ji} + S_{ji} + C_{ji}$$

donde, $N_{ji} = VAB_{ji} \times r_n$, $S_{ji} = VAB_{ji} \times (r_{jn} - r_n)$, y $C_{ji} = VAB_{ji} \times (r_{ji} - r_{jn})$ y donde r se refiere a las tasas de crecimiento. En consecuencia, se cumple que:

$$\Delta VAB_{ji} = (VAB_{ji} \times r_n) + (VAB_{ji} \times (r_{jn} - r_n)) + (VAB_{ji} \times (r_{ji} - r_{jn}))$$

expresión que, agregada para todos los sectores j, se convierte en:

$$\sum_j \Delta VAB_{ji} = \left(\sum_j VAB_{ji} \times r_{ji} \right) + \left(\sum_j VAB_{ji} \times (r_{jn} - r_n) \right) + \left(\sum_j VAB_{ji} \times (r_{ji} - r_{jn}) \right)$$

A representa el crecimiento autonómico mientras que B se refiere al crecimiento nacional.
Fuente: Ídem tabla 3.1.

2. El efecto estructural registró un valor fuertemente positivo en los casos canario, balear y extremeño, dando a entender con ello que estas regiones estaban especializadas en sectores pro-

ductivos de crecimiento rápido a nivel nacional; por el contrario, este efecto adoptó valores muy negativos en el País Vasco, La Rioja, Asturias y Cantabria, lo que pone en evidencia la especialización de estas regiones en sectores poco expansivos a escala nacional.

3. El efecto competitivo, o dinámico, tomó valores muy positivos en las comunidades navarra, castellano-manchega, catalana y andaluza, dando a entender con ello que, fuera cual fuese la estructura productiva de estas regiones, los distintos sectores de actividad mostraron un grado de dinamismo claramente superior a la media nacional; la otra cara de la moneda la presentan, por el contrario, Asturias, Castilla y León, Cantabria y Baleares, cuyo dinamismo fue sensiblemente menor que el que correspondió al conjunto del país.

4.3. Disparidades regionales en España: otros factores explicativos

Los estudios convencionales sobre convergencia regional justifican la existencia de ésta en base al funcionamiento del mecanismo de rendimientos decrecientes que, en los factores acumulables, postulan los modelos de crecimiento de corte neoclásico. Reconociendo la vigencia de este mecanismo [y así lo pone de manifiesto el proceso de convergencia beta absoluta reflejado, al menos en cierta medida, en la estimación correspondiente (tabla 3.3)], es indudable que también hay que buscar otras fuentes de convergencia, entre las que la literatura sobre el crecimiento económico suele incluir, como más destacadas, los cambios en la estructura productiva, las dotaciones de capital público, los niveles educativos (o capital humano) y la difusión tecnológica.

Todos estos elementos han sido analizados, con mayor o menor profundidad, en relación con los procesos de convergencia espacial que han tenido lugar dentro de España, poniéndose de manifiesto también que todos ellos han afectado favorablemente, en proporciones que varían según cual sea el modelo estimado y el período analizado, al proceso de convergencia.

La influencia que los cambios registrados en la estructura productiva han tenido en el proceso de convergencia regional español ha sido establecida por numerosos autores (véanse, entre otros, a Mas et al.,

1995, De la Fuente, 1996, y Raymond y García, 1994), operando la misma, en líneas generales, en los siguientes términos:

1. Un factor clave en la convergencia en PIBph es, tal y como se expuso, en la sección 4.1 de este mismo capítulo, la convergencia en productividad.

2. Las disparidades regionales en materia de productividad están motivadas tanto por diferencias en la estructura productiva como por diferencias en las productividades sectoriales, de manera tal que las regiones que alcanzan unos mayores niveles de productividad global son aquellas que en su estructura productiva tienen una mayor presencia de sectores con productividad elevada (industria y servicios).

3. Como quiera que a lo largo del período objeto de estudio se ha registrado un intenso proceso de reasignación de recursos, que ha dado lugar a una notable homogeneización de las estructuras productivas entre comunidades autónomas (y que se ha producido porque la pérdida de peso del sector primario, y la correlativa ganancia de otros sectores con niveles de productividad más elevados, ha sido más intensa en las regiones pobres que en las ricas), se sigue que también ha tenido lugar un acercamiento importante de las productividades regionales y, en consecuencia, del PIBph. En concreto, las estimaciones de A. de la Fuente (1996) apuntan a que aproximadamente la mitad de la convergencia regional en productividad ha sido motivada por el proceso de homogeneización arriba señalado, siendo los cambios en la productividad sectorial responsables de la otra mitad. Tal y como se indicó previamente, las disparidades que siguen subsistiendo son, en buena medida, resultado de las diferencias regionales en las tasas de ocupación y de actividad.

Que las dotaciones de capital de una economía afectan de manera importante a su proceso de crecimiento es uno de los resultados más y mejor establecidos del análisis económico. En el caso que nos ocupa, la influencia que el intenso proceso de capitalización experimentado por las comunidades autónomas (en particular en lo que afecta a las dotaciones de capital público) ha ejercido en el proceso de convergencia regional español ha sido documentada también por distintos autores, aunque, probablemente, el trabajo más extenso y sólido sobre la materia sea el realizado por Pérez, Goerlich y Mas (1996), titulado *Capitalización y crecimiento en España y sus regiones. 1955-1995*. En líneas generales, lo que ponen de manifiesto este y otros trabajos de índole similar son las tres conclusiones siguientes:

1. Existencia de una correlación positiva y bastante intensa entre el ratio «capital público/PIB» inicial y la tasa de crecimiento del PIB per cápita; esta conclusión es ilustrativa de que las regiones que empezaron con valores altos del ratio registraron tasas de crecimiento del PIBph superiores a las de las regiones que empezaron con valores más bajos.

2. Aunque siguen existiendo disparidades importantes en los indicadores agregados de capital público entre comunidades autónomas, es preciso destacar que se ha producido una fuerte disminución de las mismas en lo que concierne a la relación «capital público/PIB», de manera tal que las regiones que tenían inicialmente unos ratios más bajos han conseguido una tasa de crecimiento promedio de los mismos más elevada que las de aquellas regiones que los tenían más altos. Es decir, se ha producido un proceso de convergencia regional en lo que atañe al ratio «capital público/PIB».

3. Puesto que las diferencias regionales en las dotaciones de capital público, en relación a su PIB, han disminuido con el paso del tiempo, ha sucedido también que este ratio ha visto disminuido su papel como elemento favorecedor del proceso de convergencia regional en los últimos años, resultado que se pone de manifiesto al comprobarse que la conclusión establecida en el punto 1 sólo es estadísticamente significativa para el período que va de 1955 a 1967. Expresado con otras palabras, los avances logrados en la reducción de las disparidades regionales en materia de dotaciones de capital público (en relación al PIB) constituyen uno de los factores que puede haber jugado, junto con otros, en el estancamiento del proceso de convergencia regional en PIBph que se aprecia desde comienzos de la década de los ochenta.

Los procesos de difusión tecnológica —propiciados tanto por los logros en materia educativa como por la amplitud del *gap* existente en el ámbito de las tecnologías transferibles— favorecen también la convergencia territorial, ya que, si las regiones más pobres tienen la posibilidad de adoptar (imitar) las tecnologías usadas en las regiones más ricas con un bajo coste, el ritmo al cual se produce el crecimiento del PIB debería ser mayor en las regiones pobres que en las ricas. Las estimaciones realizadas en este sentido por De la Fuente (1996) evidencian que, en el caso español, *el proceso de difusión tecnológica entre regiones es extraordinariamente rápido y puede generar perfectamente un proceso de convergencia condicional en los niveles de renta a un ritmo superior al 12 por 100*, lo que ha de considerarse, desde cualquier punto de vista que se adopte, como una velocidad muy elevada.

Por último, es preciso resaltar también que las dotaciones de capital humano ocupan, de acuerdo con la teoría del crecimiento (tanto en los modelos convencionales de corte neoclásico como en los más modernos de crecimiento endógeno), un lugar privilegiado entre las fuentes del crecimiento económico de los países, puesto que se considera que las inversiones en educación y formación constituyen uno de los determinantes básicos tanto del nivel como de la tasa de variación de la productividad del factor trabajo y, por tanto, de la renta per cápita. En el caso español, las estimaciones realizadas por distintos autores, y en especial por De la Fuente (1994 y 1996), indican que el capital humano ha influido de forma significativa en el proceso de convergencia económica regional, no sólo a través de un efecto de nivel (o directo), sino, también, a través de un efecto tasa (o indirecto, a través de la influencia que los avances educativos ejercen sobre la tasa de variación del progreso técnico). De cara al futuro, sin embargo, todo hace pensar que este factor jugará un papel cada vez menos relevante, debido al hecho de que las diferencias regionales se han reducido (y, presumiblemente, continuarán reduciéndose) de forma apreciable.

PARTE SEGUNDA

Disparidades regionales en España: las perspectivas ante la Unión Monetaria Europea

5. La teoría de las áreas monetarias óptimas: una síntesis

En la primera parte de este trabajo hemos ofrecido una panorámica general de la evolución pasada y situación presente de los desequilibrios regionales en España, presentando los aspectos más destacados de los mismos y subrayando algunas de las causas que han podido contribuir, de manera más notable, a su gestación y permanencia. En esta segunda parte abordamos, de nuevo, el estudio de las disparidades regionales españolas, bien que ahora, en lugar de recrearnos en el pasado, tratamos de hacerlo oteando en el futuro.

En concreto, el objetivo que se acomete en esta segunda parte del trabajo no es otro que el de intentar desentrañar el perfil futuro de las desigualdades regionales en España, tarea ímproba si no se acota convenientemente el campo objeto de estudio. En este sentido, hemos considerado que uno de los factores que, probablemente, influirá de forma más decisiva en la dinámica de tales desigualdades es la integración española en la UME, motivo por el cual nuestro interés se centra en examinar el tipo de relaciones existentes entre ambos fenómenos. Para ello, en este capítulo analizamos una serie de cuestiones generales relacionadas con el concepto y efectos genéricos de una unión monetaria, al tiempo que en los dos siguientes pasamos revista —con una perspectiva regional— a los posibles beneficios y costes derivados de nuestra participación en la UME.

5.1. ¿Qué es una unión monetaria?

Tras un período de esclerosis que permitió la acuñación y puso de moda el uso del término «europesimismo», la hoy Unión Europea (UE) se embarcó, a mediados de la década de los ochenta, en toda una serie de procesos de relanzamiento de la idea integradora, de los que los más notables fueron los relacionados con la entrada en vigor del Acta

Única y la consiguiente formación de un Mercado Único; en la actualidad, la UE —además de estar inmersa en un nuevo proceso de ampliación, ahora hacia el este— está intentando construir en su ámbito de influencia una unión monetaria que, tras múltiples vicisitudes y en función de que un número amplio de países han cumplido con los criterios de convergencia exigidos[1], parece caminar con paso firme. Esta calificación, otorgada en determinados círculos oficialistas, está motivada por el cumplimiento de las etapas inicialmente previstas en el proceso de unificación monetaria. Ello no impide, sin embargo, que la UME tenga un número importante de detractores (algunos de ellos muy cualificados), unos porque consideran que su nacimiento es prematuro, otros porque estiman que el proceso es (o puede ser) inconstitucional y otros, simplemente, porque consideran que pesan más los inconvenientes que las ventajas.

Pero, ¿qué es una unión monetaria? De acuerdo con el informe del Comité Delors (*Committee for the Study of Economic and Monetary Union,* 1989; «Report on economic and monetary union in the European Community»), y entendida de forma un tanto genérica, una unión monetaria no es otra cosa que *un área monetaria en la que las políticas económicas son gestionadas conjuntamente con la finalidad de alcanzar objetivos macroeconómicos concretos.* Con un poco más de precisión, una unión monetaria puede entenderse como un área monetaria en la que, entre los países que forman parte de la misma, se cumplen las siguientes condiciones:

1. Existe una convertibilidad plena e irreversible entre las monedas de estos países.

2. Existe una movilidad perfecta de capitales y una integración total de los mercados financieros.

3. Se eliminan las fluctuaciones cambiarias entre las monedas de los países miembros, bien porque se establece un tipo de cambio irrevocablemente fijo entre ellas, bien porque los países

---

[1] El hecho de que once países hayan cumplido los criterios de convergencia está relacionado, obviamente, con los esfuerzos realizados por todos y cada uno de ellos en la dirección correcta, pero también con una interpretación bastante laxa de los referidos criterios; esto es lo que, en un lenguaje popular, se conoce como «contabilidad creativa». En concreto, una interpretación estricta (literal) de los mismos, como en las declaraciones efectuadas en su día por el ministro alemán de finanzas, del tenor de que «el 3 por 100 es el 3 por 100", hubiera dejado fuera a prácticamente todos los países miembros de la UE, con la excepción de Francia, Luxemburgo, Reino Unido y Finlandia.

afectados deciden sustituir sus propias monedas por una nueva moneda común.

Ahora bien, dado que, con antelación a la constitución de una unión monetaria, los dos requisitos mencionados en primer lugar (convertibilidad y movilidad de capitales) se suelen cumplir, en mayor o menor medida, entre los países que deciden formar tal unión monetaria, ésta, desde el punto de vista práctico y popular, se entiende, sobre todo, como la fijación de un tipo de cambio irrevocablemente fijo entre los países afectados o, alternativamente, como el establecimiento de una moneda única entre ellos. Sea cual sea la opción elegida, y la segunda es la que da lugar a una unión monetaria en el sentido más estricto de la expresión, ésta implica, por definición, la renuncia al uso del tipo de cambio nominal como instrumento de ajuste y la renuncia a la posibilidad (real o imaginaria) de desarrollar una política monetaria autónoma.

Teniendo en cuenta los aspectos mencionados en el párrafo anterior, un corolario lógico para que una unión monetaria sea posible (en el sentido de estable) es la necesidad de que se produzca una convergencia prácticamente total en las tasas de inflación de los países miembros, lo que conlleva, en la mayoría de los casos, la constitución de un banco central de la unión. No obstante, uno de los debates que se plantean sobre esta cuestión es dilucidar si es necesario que la convergencia en tasas de inflación se produzca antes de proceder a la unión monetaria o si será esta unión la que generará la referida convergencia. En todo caso, y con independencia de la opinión que se tenga sobre este punto, hay que dejar claro que el concepto de unión monetaria no tiene, en sí mismo, implicación alguna acerca de la tasa de inflación común que ha de prevalecer en la misma.

5.2. Los efectos de una unión monetaria: perturbaciones asimétricas y mecanismos de ajuste

Al igual que sucede con cualquier proceso integrador, la formación y el funcionamiento de una unión monetaria dan lugar a la aparición de costes y beneficios, los cuales han sido analizados con amplitud por la llamada «teoría de las áreas monetarias óptimas», cuyas aportaciones seminales y más representativas se encuentran en los trabajos de

Mundell (1961), McKinnon (1963) y Kenen (1969). El análisis de estos costes y beneficios constituye, por tanto, la piedra angular para decidir si, desde un planteamiento puramente económico, el establecimiento de tal unión monetaria es potencialmente beneficioso (en términos netos) para todas las partes constitutivas de la mismas o sólo para algunas. Lamentablemente, y aun cuando la teoría de las áreas monetarias óptimas nos ofrece algunos criterios sobre este particular, esta teoría no está en disposición de suministrar conclusiones taxativas ni sobre la dirección ni sobre la magnitud de los efectos netos derivados de un proceso de integración monetaria[2]. Aun así, la teoría es suficientemente ilustrativa acerca de cuáles son las principales fuentes de ganancias y costes de una unión monetaria, por lo que es preciso acudir a sus prescripciones para poder emitir un juicio —bien que parcial y tentativo— de los efectos potenciales de tal unificación.

De forma muy sintética, se puede decir que los beneficios que se derivan de la existencia de una unión monetaria son tanto de índole microeconómica (o ganancias de eficiencia) como de índole macroeconómica.

En relación con los primeros, las ganancias de eficiencia se manifiestan, fundamentalmente, a través de dos vías: la reducción o supresión total de los costes de transacción asociados con el intercambio de monedas de los países de la unión[3] y la reducción de la incertidumbre a través de la eliminación del riego cambiario. La primera de estas fuentes provoca ganancias no sólo de forma directa (por medio de la desaparición de las comisiones pagadas a los bancos en operaciones de compraventa de las monedas nacionales[4]), sino también de manera indirecta, ya que la unión monetaria merma considerablemente las po-

---

[2] La teoría de las áreas monetarias óptimas, como parte de la teoría de la integración económica, constituye, por tanto, un ejemplo particular de análisis de óptimos de segunda preferencia *(second best)*.

[3] Estos costes de transacción son el peaje que hay que pagar al efectuar operaciones en distintas monedas. Una unión monetaria implica la supresión de los costes de transacción en el caso de que la misma se formalice a través del establecimiento de una moneda única; por el contrario, en el caso de que la misma consista en la fijación irrevocable de tipos de cambios fijos entre las monedas de los países miembros, sólo se producirá una reducción (y no la supresión total) de los costes de transacción, ya que, al no existir sustituibilidad perfecta entre las monedas, seguirá siendo necesario el cambio de unas por otras, por lo que, además de mantenerse un diferencial entre los tipos de cambio de compra y de venta *(bid-ask spread)*, las instituciones financieras cargarán también unas determinadas comisiones por cada operación de cambio.

[4] Como nos recuerdan De Grauwe (1997) y Gros y Thygesen (1992), entre otros, esta supresión de costes se convierte en una ganancia neta para la sociedad sólo si los recursos así liberados se emplean productivamente en algún otro lugar.

sibilidades de discriminación de precios, que hacen que, excluidos los costes de transporte y el desigual tratamiento fiscal, un mismo producto sea vendido a precios distintos en mercados distintos. Por otro lado, las ganancias obtenidas a través de la segunda fuente se derivan, sobre todo, del hecho de que la reducción de la incertidumbre (en este caso mediante la supresión del riesgo cambiario) hace que el mecanismo de precios, entendido como instrumento de asignación de recursos, sea más eficiente, no sólo de forma directa (porque el sistema se vuelve más transparente), sino también de manera indirecta —reduciendo los tipos de interés reales y, por tanto, los problemas de selección de inversiones relacionados con cuestiones de riesgo moral *(moral hazard)* y selección adversa *(adverse selection)*—. Pues bien, dada la naturaleza de las mismas, y expresadas en términos cuantitativos, estas ganancias serán tanto más pronunciadas cuanto más elevado sea el volumen de comercio entre los países miembros de la unión, lo que permite efectuar una representación de las mismas en los términos que se reflejan en la figura 5.1, que está tomada, como las dos siguientes, de Krugman (1990).

Estas ganancias de eficiencia, que son puramente estáticas, pueden verse suplementadas por ganancias dinámicas. En palabras de Gros y Thygesen (1992) *el aumento en la eficiencia total que se genera a tra-*

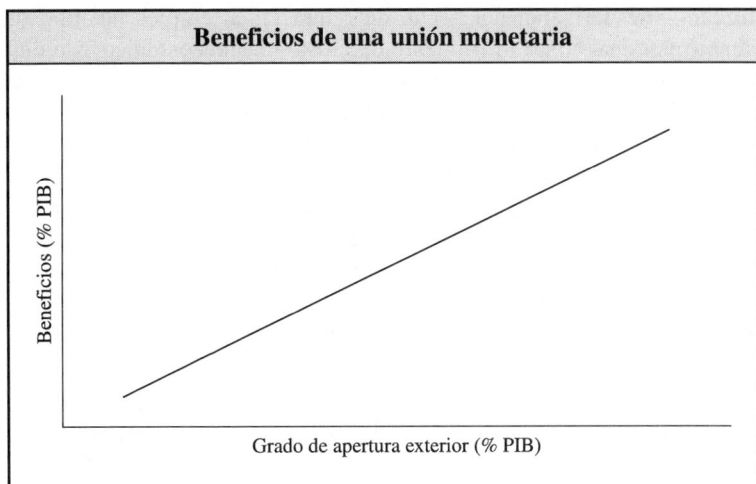

Figura 5.1

vés de la moneda única se traduce también en un aumento en la productividad (marginal) del capital. Esto, a su vez, debería elevar la inversión y llevar así, a lo largo del tiempo, a un mayor stock de capital, hasta que su productividad marginal retorne al nivel inicial. Puesto que, con la misma fuerza de trabajo, un stock de capital mayor implica más producción, este mecanismo multiplica el efecto producción ocasionado por el aumento inicial de la eficiencia.

A su vez, desde el punto de vista macroeconómico los beneficios de una unión monetaria se concentran, sobre todo[5], en el logro de una mayor estabilidad macroeconómica y de una mayor credibilidad de la política económica desarrollada, circunstancia esta última que redunda en un menor coste de ajuste (sobre todo en términos de aumento del desempleo) en la lucha contra la inflación y en una mayor eficacia de la referida política. Pero, siendo esto así, es preciso reconocer que estos beneficios, que en términos cuantitativos pueden llegar a ser incluso más importantes que los de procedencia microeconómica, no se obtienen de forma automática, sino que sólo se lograrán en el supuesto de que el banco central de la unión monetaria esté firmemente comprometido con el diseño y gestión de una política monetaria rigurosamente antiinflacionista, del tipo de la desplegada tradicionalmente, por ejemplo, por el Bundesbank.

Si del ámbito de los beneficios pasamos al de los costes, existe un consenso generalizado de que los mismos —en el caso de que se produzcan— se derivarán del hecho de renunciar al empleo del tipo de cambio nominal como instrumento de ajuste macroeconómico. Sin embargo, aun reconociendo que esto es así, y dejando de lado el debate acerca de la eficacia-ineficacia económica de los ajustes cambiarios, creemos oportuno subrayar que esta renuncia al instrumento cambiario (y al desempeño de una política monetaria autónoma) sólo constituye una verdadera pérdida (o coste) para los países que deciden formar parte de la unión monetaria si se cumplen, de forma simultánea, dos condiciones: primera, que tales países se encuentren sometidos a una probabilidad relativamente elevada (y/o creciente) de sufrir perturbaciones asimétricas (esto es, perturbaciones que les afecten a ellos

---

[5] Otros beneficios importantes son los que se derivan del ahorro que se produce a través de la necesidad de disponer de un menor volumen de reservas internacionales y de la posibilidad de que la nueva moneda única se convierta en una moneda de peso (moneda de reserva, moneda vehículo, etc.) en la economía mundial. Esto es lo que se espera que suceda, por ejemplo, con el establecimiento de la moneda única europea, el euro.

de forma distinta a como afectan al resto de los miembros de la unión[6]; y, segunda, que estos países no cuenten con instrumentos de ajuste alternativos a las variaciones cambiarias nominales. En efecto, si los países miembros de la unión monetaria estuvieran sujetos, fundamentalmente, a perturbaciones de carácter simétrico (es decir, a perturbaciones que les afectaran a todos ellos de forma similar), entonces las variaciones de los tipos de cambio nominales serían totalmente inoperantes como instrumento de ajuste, por lo que la renuncia a las mismas no constituiría, en el fondo, ninguna pérdida. Por otro lado, si, aun en el caso de existencia de perturbaciones diferenciadas (o asimétricas), los países contaran con mecanismos de ajuste alternativos a las variaciones del tipo de cambio nominal —tales como una elevada flexibilidad de precios y salarios y/o una alta movilidad espacial del trabajo, o con algunos instrumentos de nivelación fiscal (en forma de estabilizadores automáticos)—, entonces la pérdida del instrumento cambiario tampoco sería, en último término, demasiado grave.

Tomando en consideración las precisiones anteriores, creemos necesario insistir —pues a menudo se olvida o se elude su consideración— que la renuncia al tipo de cambio (así como al desarrollo de una política monetaria autónoma) que conlleva la pertenencia a una unión monetaria sólo constituye una auténtica pérdida para un país que desee formar parte de la misma cuando la probabilidad de sufrir perturbaciones diferenciales de carácter transitorio es relativamente alta y creciente y cuando este país no cuente con mecanismos de ajuste alternativos. En todo caso, y supuesto que ambos fenómenos se producen al mismo tiempo, la teoría de las áreas monetarias óptimas muestra que tales costes tienden a disminuir a medida que aumenta, en términos de PIB, el peso del comercio intra-unión, lo que se puede representar, sintéticamente, en la forma indicada en la figura 5.2. Esta relación es así debido a la confluencia de dos circunstancias: en primer lugar, al hecho de que, cuanto más abierta es una economía, más rápidamente se trasladan a aumentos de precios los efectos de una devaluación, amortiguando así (o incluso invirtiendo) los efectos benéficos de la misma; y, en segundo lugar, a que, ante una determinada situación de déficit exterior, su corrección exige un grado de contracción fiscal (aumento de impuestos, reducción del gasto público o combina-

---

[6] Un *shock* o perturbación puede definirse, de acuerdo con Velasco (1997), *como un suceso no anticipado que tiene efectos directos o indirectos sobre las variables endógenas de una economía.*

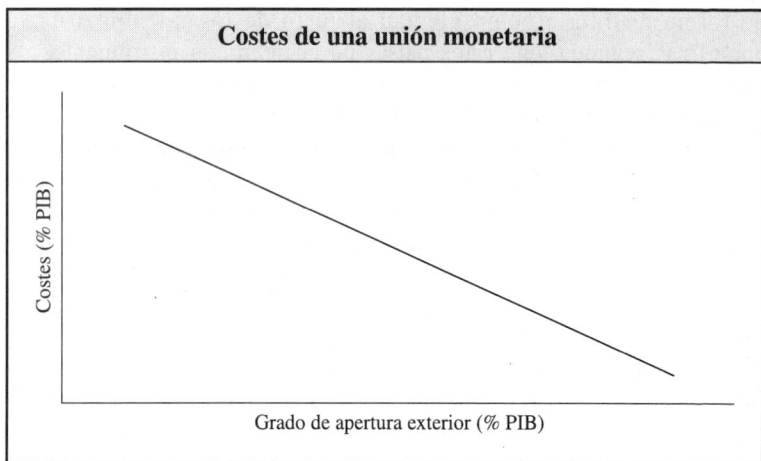

Costes de una unión monetaria

Grado de apertura exterior (% PIB)

Figura 5.2

ción de ambos elementos) que es tanto menor cuanto más abierta sea la economía.

Teniendo en cuenta todo lo expuesto en las líneas precedentes, esto es, considerando que el establecimiento de una unión monetaria genera de forma simultánea tanto costes como beneficios, parece evidente que —desde una perspectiva económica, que, pese a su importancia, no siempre es la que prevalece en la decisión de formar una unión monetaria— un país sólo estará interesado en formar parte de la misma cuando los beneficios sobrepasen con claridad a los costes. Pues bien, recordando que los beneficios están directamente asociados con el grado de apertura exterior del país (frente al resto de miembros de la unión) y que los costes están inversamente relacionados con el mencionado grado de apertura, la combinación de las dos figuras anteriores (véase figura 5.3) muestra con toda claridad que hay un nivel crítico de apertura exterior por encima del cual conviene integrarse en una unión monetaria y por debajo del cual la integración monetaria no es conveniente en absoluto; además, la figura pone de relieve que cuanto mayor sea el grado de apertura exterior, mayor es la probabilidad de que la unión monetaria redunde en la obtención de un beneficio neto para el país; por último, y a tenor de lo expuesto con anterioridad, se deduce también que el umbral de apertura exterior necesario para obtener beneficios netos es tanto menor cuanto mayor es el grado de

Costes y beneficios de una unión monetaria

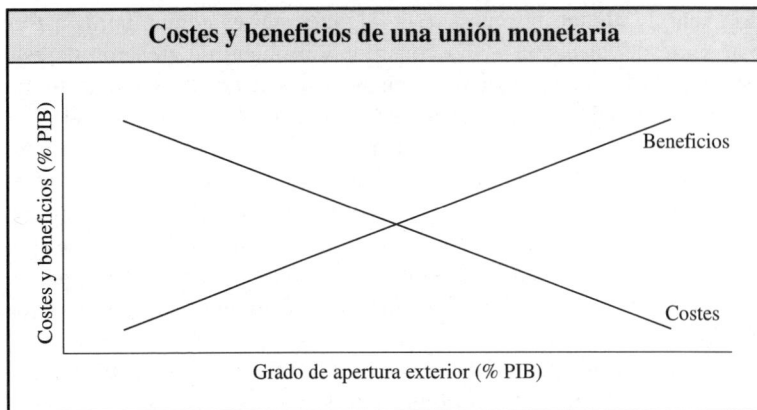

Figura 5.3

flexibilidad de precios y salarios y cuanto mayor es la movilidad espacial de la fuerza de trabajo. El único aspecto que este tipo de análisis deja sin dilucidar (y hay que reconocer que no es un aspecto de índole menor) es, precisamente, el de la determinación del umbral (o punto crítico) de apertura exterior, pudiéndose decir al respecto únicamente que, dependiendo de que uno se afilie a un enfoque monetarista o keynesiano del funcionamiento de la economía, este punto crítico será relativamente bajo o relativamente elevado.

5.3. Los efectos regionales de una unión monetaria: el caso de la Unión Monetaria Europea

La mayoría de los efectos generales mencionados en la sección anterior se manifiestan no sólo desde una perspectiva nacional, sino también en la esfera regional, lo que puede contribuir —dependiendo de cuál sea su distribución espacial— a que aumenten o disminuyan las disparidades territoriales, tanto entre países como entre regiones.

En el caso de la UME se presupone, y así se manifiesta en distintos trabajos encargados por la Comisión Europea (véase, por ejemplo, Emerson et al., 1992), que la misma será beneficiosa para la UE en su conjunto e, indirectamente, para todos sus países miembros. Aunque esta última es una cuestión muy discutible —en otro caso no tendría sentido alguno la renuncia de algunos países comunitarios a formar parte de la misma—, no constituye el objeto de atención de este estudio, por lo que la obviamos, aunque aconsejamos la lectura de, entre otros, los trabajos de Sevilla (1997), Ahijado (1998) y Muns (1997). Sí es objeto de atención, por el contrario, el análisis del impacto regional de la UME, materia sobre la que la propia Comisión Europea, en el estudio antes mencionado, corre un tupido velo, aduciendo que *en lo que concierne a la redistribución regional del impacto, que es relevante para el objetivo de la convergencia a largo plazo, no hay, a priori, bases para predecir los patrones de las pérdidas y ganancias relativas.*

Desde nuestro punto de vista, esta actitud es no sólo criticable, sino que, además, induce a levantar todo tipo de sospechas. Esto no impide, como manifiesta Velasco (1997), que, al examinar la cuestión, creamos de justicia empezar por lo evidente: *Hoy por hoy es imposible saber, con un mediano nivel de precisión, cuáles serán las consecuencias regionales de la UME,* lo cual es debido, en primer lugar, a las incertidumbres que, pese a todo, siguen rodeando el proceso de puesta en circulación del euro y, en segundo lugar, tal y como se pone de manifiesto con cierta frecuencia, a la mermada capacidad predictiva de la Ciencia Económica. No es de extrañar, por tanto, que el mencionado profesor manifieste que *a la hora de intentar medir las consecuencias regionales de la UME nos encontramos con que los datos disponibles son insuficientes, la metodología es incompleta y ni los países ricos de la UE ni la misma Comisión tienen interés en los resultados, porque sospechan su signo.* Este último aspecto es, quizá, el más preocupante de todos, pues no deja de ser cierto que, cuando se lanzó el proyecto del Mercado Único Europeo, la Comisión encargó la realización de numerosos trabajos tratando de atisbar, entre otras cosas, los efectos territoriales del mismo; es más, ante el previsible aumento de las disparidades espaciales que la materialización de tal proyecto podía generar, la Comisión optó por incrementar considerablemente la dotación de los Fondos Estructurales como medio de coadyuvar al logro de la cohesión económica y social. Nada parecido ha sucedido, sin embargo, en relación con el proyecto de la UME, lo que, insistimos, induce a levantar sospechas acerca de sus efectos tanto sobre el nivel como sobre la evolución de las disparidades regionales en Europa.

Trasladando todo esto al caso español, y conocido ya el nivel que las disparidades regionales alcanzan en nuestro país, la pregunta que hay que formularse es, a todas luces, la siguiente: ¿de qué forma evolucionarán las desigualdades regionales en España como consecuencia de nuestra integración en la UME? Como es obvio, la respuesta a esta pregunta no es sencilla ni unidireccional; son tantos los elementos que influyen en el resultado final —y su conexión es, a veces, tan intrincada— que no parece posible ofrecer una respuesta taxativa y concluyente. Sin embargo, y en base a la consideración de toda una serie de criterios (en particular los enunciados sucintamente en la sección anterior a partir de la aplicación de la teoría de las áreas monetarias óptimas) sí es posible ofrecer pistas claras, ideas precisas, acerca de por donde pueden discurrir los acontecimientos en los próximos años. Es por ello que, refiriéndonos solamente al caso español y con todas las matizaciones y cautelas que se consideren oportunas, pensamos que el establecimiento de la UME puede ocasionar efectos regionales en línea con lo que se expone en los dos capítulos siguientes.

En todo caso, e insistiendo en que no es materia objeto de consideración en este estudio, hemos de reconocer que lo que ocurra con las disparidades regionales en España como consecuencia de nuestra incorporación a la UME dependerá, quizá críticamente, de lo que suceda con la economía española en su conjunto. Y, aunque es cierto que en este terreno hay también grandes incertidumbres (la UME abre múltiples posibilidades, pero no garantiza nada), no lo es menos que, en general, se espera que la UME sea beneficiosa para nuestro país. Es más, pese a los distintos puntos de vista sustentados acerca de las conexiones existentes entre «convergencia nominal» y «convergencia real» (véase el anexo 3), no es posible ocultar que, en España, ambas parecen ir en paralelo. En concreto, los esfuerzos desplegados para cumplir con los criterios de convergencia nominal han supuesto que España esté recogiendo ya —como una especie de *dividendo a cuenta*[7]— algunos de los beneficios que se asocian a la pertenencia a la UME, como es, por ejemplo, el significativo descenso de los tipos de interés, que ha contribuido al saneamiento financiero de las empresas, las familias y los gobiernos (central y autonómicos) y que, a través de ello, han posibilitado un mayor crecimiento económico.

Por otro lado, y aunque es obvio que todo dependerá de la capacidad de reacción (adaptación) de los agentes económicos y sociales, no podemos dejar de señalar que la pertenencia española a la UME

---

[7] Ésta es una expresión que se la he escuchado, en más de una ocasión, al profesor Ontiveros y que me parece muy apropiada a las circunstancias.

será un elemento que incorporará (ya lo está haciendo) estabilidad a la mayoría de las variables macroeconómicas que estos agentes no controlan, permitiendo así que se centren en los aspectos propios de su actividad y olvidándose, parcialmente al menos, de los elementos del entorno. En definitiva, la UME mejora sensiblemente las reglas de juego de los agentes económicos y sociales españoles, homologando las condiciones de actuación de los mismos a las de sus competidores europeos. Esto es bueno y esto redundará, previsiblemente, en mayores aumentos de bienestar para todos los españoles.

6 Unión Monetaria Europea y regiones españolas: las ventajas

Dado que, en principio, las ganancias macroeconómicas —mayor estabilidad y mayor credibilidad de la política económica— se distribuirán de forma equitativa entre todas las regiones españolas[1], es en las ganancias de naturaleza microeconómica, o ganancias de eficiencia, donde es preciso indagar, tratando de conocer, en último término, si su distribución espacial se producirá, o no, de forma homogénea. Para hacer esto, tres son, en esencia, las vías que habría que considerar y que exploramos a continuación: las ganancias directas derivadas de la eliminación de los costes de transacción en todas las operaciones intracomunitarias, las ganancias derivadas de la reducción de las posibilidades de discriminación de precios y, por último, las ganancias provenientes de la reducción de la incertidumbre.

6.1. La apertura exterior

En relación con la eliminación de los costes de transacción en las operaciones intracomunitarias, es evidente que aquellas regiones que mantengan un mayor grado de apertura exterior intracomunitario serán las más beneficiadas por esta vía. Tradicionalmente, el grado de apertura exterior se mide a través del índice mostrado en la nota de la tabla 6.1, recogiendo de esta forma el porcentaje promedio de exportaciones (*X*) e importaciones (*M*) en relación con el PIB. Pues bien, calculados estos índices para todas las comunidades autónomas espa-

---

[1] De todas formas, puesto que en la fase de transición y, con toda seguridad y cuando menos, al comienzo de la tercera fase de la UME, se pondrán en marcha políticas deflacionistas, tanto para cumplir con los criterios de convergencia como para satisfacer las condiciones del Plan de Estabilidad, es probable que ello afecte de forma desigual a las regiones, redundando en una ampliación de las disparidades regionales.

TABLA 6.1

Grado de apertura exterior (con la Unión Europea)

CC.AA.	1988	1989	1990	1991	1992	1993	1994	1995	1996	Promedio 88-96	Variación 88-96
Andalucía	8,5	8,3	8,2	9,1	8,2	8,7	10,2	11,3	11,3	9,3	2,8
Aragón	26,9	27,9	26,3	25,8	29,1	33,4	42,1	44,8	44,9	33,5	18,0
Asturias	7,3	9,4	9,1	8,6	9,1	7,0	8,3	10,2	11,0	8,9	3,7
Baleares	4,2	2,4	2,2	3,4	2,4	3,1	4,4	4,0	6,2	3,6	2,0
Canarias	11,5	10,8	9,4	8,2	8,1	8,4	9,4	8,4	7,1	9,0	-4,4
Cantabria	13,0	14,5	14,4	13,8	13,4	15,1	20,2	23,0	24,1	16,8	11,1
Castilla-La Mancha	8,7	8,3	8,6	8,9	8,7	9,3	10,7	13,1	13,7	10,0	5,0
Castilla y León	14,3	16,6	17,6	17,9	20,6	22,7	28,8	30,1	31,9	22,3	17,6
Cataluña	26,1	26,2	26,4	26,1	26,5	28,3	33,1	36,4	38,6	29,7	12,5
C. Valenciana	20,3	19,7	19,1	20,4	19,9	21,2	25,1	26,1	27,4	22,1	7,1
Extremadura	3,4	3,6	3,2	3,4	3,4	4,2	5,7	6,3	6,2	4,4	2,8
Galicia	12,1	13,3	13,6	13,1	13,2	17,3	20,1	21,0	24,5	16,5	12,4
Madrid	21,3	22,3	22,3	21,9	21,2	19,3	23,2	23,6	28,1	22,6	6,8
Murcia	13,2	13,0	12,6	12,8	11,9	13,6	15,8	18,3	19,5	14,5	6,3
Navarra	32,6	34,3	36,4	44,5	55,6	43,2	46,7	58,7	57,5	45,5	24,9
País Vasco	26,8	27,3	26,4	25,5	24,1	23,0	28,3	31,5	30,9	27,1	4,1
Rioja (La)	10,8	10,0	10,3	11,2	11,0	12,0	16,4	18,1	21,4	13,5	10,6
España	17,9	18,4	18,4	18,5	18,6	19,0	22,6	24,3	26,0	20,4	8,1

Nota: La expresión representativa del grado de apertura exterior de una región i es la siguiente:

$$IAEi = (((Xi + Mi)/2)PIBi) \times 100$$

Fuente: Elaboración propia en base a datos de la Subdirección General de Aplicaciones de Aduanas e Impuestos Especiales.

ñolas a lo largo del período 1988-1996, se observan, en relación con el comercio exterior con la UE, los siguientes hechos (tabla 6.1):

— En primer lugar, que se ha producido un aumento prácticamente generalizado de las relaciones comerciales de nuestras comunidades autónomas con los demás países de la UE, lo que, de continuar en el futuro (y es previsible que así sea), implicará que todas las regiones verán incrementadas sus ganancias por la desaparición de los costes de transacción en todas sus operaciones comerciales y financieras intracomunitarias; de todas formas, puesto que el ritmo de crecimiento del grado de apertura exterior también ha diferido entre regiones, es obvio que no todas ellas saldrán igualmente beneficiadas; en concreto, y de continuar con la tendencia exhibida en los últimos años, las regiones que proporcionalmente incrementarán en mayor medida sus ganancias serán La Rioja, Navarra, Castilla y León, Extremadura y Galicia, mientras que las que lo harán en menor medida serán Canarias y País Vasco. (Para interpretar adecuadamente este resultado, recuérdese que estamos suponiendo que se mantendrá la tendencia de los últimos años y que, cuanto más bajo es el nivel de partida, más fácil es ganar puntos porcentuales.)

— En segundo lugar, que las regiones españolas que mantienen unos vínculos comerciales más intensos con el resto de la UE y, por tanto, las más beneficiadas potencialmente por la supresión de los costes de transacción, son precisamente las de Navarra, Aragón, Cataluña y País Vasco; además, estimamos que Baleares y Canarias, pese a tener unos grados de apertura comercial muy reducidos, también se verán bastante beneficiadas a través de las ganancias derivadas de su elevado grado de apertura exterior en la prestación de servicios turísticos (que no aparece reflejado en la tabla 6.1).

— Y, en tercer lugar y como conclusión básica, que, dado que los beneficios obtenidos no afectan por igual a todas las regiones (están más concentrados en la franja nororiental del país, que es precisamente la más desarrollada, que en el resto de España), todo parece apuntar a que la supresión de los costes de transacción será un factor que contribuirá —en alguna medida— a la ampliación de las disparidades regionales en nuestro país. Esta conclusión se ve reforzada, asimismo, por el hecho de que, además de en Canarias, es también en las regiones mediterráneas donde se concentra la mayor parte del turismo extranjero (fundamentalmente de procedencia europea), por lo que serán de nuevo estas regiones las que obtengan ganancias adicionales a través de este mecanismo.

6.2. La discriminación de precios

La segunda fuente de mejora de eficiencia derivada de la participación en la UME es la que se manifiesta a través de la reducción en las posibilidades de discriminación de precios, hecho éste que hará que aumente la competencia intracomunitaria. Las regiones españolas que pueden salir beneficiadas en este caso serán, naturalmente, aquellas que, teniendo capacidad competitiva, no han podido manifestarla hasta ahora en su plenitud debido a las prácticas de discriminación de precios ejercidas por otros países comunitarios; por el contrario, las regiones perjudicadas serán, previsiblemente, aquellas no competitivas que, apoyándose en la falta de transparencia de los mercados, sacaban provecho de ello, reservándose, fundamentalmente, una parte del mercado interior.

Así pues, de acuerdo con las precisiones anteriores, se espera que las regiones más competitivas salgan beneficiadas con el establecimiento de la UME, mientras que se teme que las menos competitivas puedan resultar, obviamente, perjudicadas. En definitiva, lo que se aprecia de forma nítida es que la competitividad regional se está convirtiendo, cada vez en mayor medida (primero con el Mercado Único Europeo y después con la UME), en un factor clave para entender el futuro económico de las regiones.

El problema que surge aquí se plantea, sin embargo, no sólo en relación con el concepto de competitividad propiamente dicho —concepto que, pese a entenderse como la capacidad de un país (o región) *para producir y distribuir bienes y servicios en la economía internacional en competencia con los bienes y servicios producidos en otros países, de forma que se gane un nivel de vida creciente* (Scott, 1985), no deja de ser un tanto ambiguo, hasta el punto de que, según algunos autores, como Krugman, carece de todo significado cuando es aplicado a países o regiones—, sino, sobre todo, en relación con la forma en que se mide la misma desde una perspectiva regional. Y, dado que no existe ningún indicador sintético que recoja de forma sencilla y fiable el grado de competitividad de cada comunidad autónoma (pues el tipo de cambio real de las regiones sólo lo hace de forma aproximada), una forma indirecta de medir la misma consiste en analizar la situación de cada región en relación con toda una batería de factores de competitividad. Entre éstos se cuentan como más significativos los relacionados con las dotaciones de recursos humanos y de infraestructuras, así como los gastos en investigación y desarrollo, esto es, los gastos destinados a promover la innovación.

En concreto, y siguiendo la metodología empleada por Cuadrado et al. (1990), hemos analizado, con información procedente de distintas fuentes, lo que plantea la aparición de un cierto problema de falta de homogeneidad[2], el comportamiento de dieciséis indicadores de competitividad en 1992, así como su evolución a lo largo del período 1980-1992, obteniendo, como básicas, las siguientes conclusiones (tablas 6.2 y 6.3):

a) Costes de personal por trabajador, productividad aparente y costes laborales unitarios (en el sector industrial)[3]: Entre las regiones que se encuentran en una mejor posición hay que contabilizar a Extremadura, Baleares y Castilla-La Mancha, mientras que las que mantienen una posición más comprometida son Asturias y País Vasco. A su vez, la región que más ha mejorado su posición competitiva ha sido Murcia y la que la ha empeorado más ha sido Castilla-La Mancha. Aunque conocido, creemos que no resulta ocioso recordar que estos indicadores son tanto menos relevantes cuanto menor es la participación del sector secundario en la economía regional.

b) Participación del VAB en la producción (en el sector industrial): Aunque la interpretación de este indicador no es tan directa como la de los tres anteriores (pues un porcentaje pequeño puede ser representativo de un encarecimiento relativo de los consumos intermedios, de una reducida incorporación de avances tecnológicos —con el consiguiente aumento en la

---

[2] La información procede del INE *(Encuesta Industrial y Estadística sobre actividades de investigación científica y desarrollo tecnológico)*, del IVIE y la Fundación BBV *(El stock de capital en España y sus comunidades autónomas)* y del IVIE y la Fundación Bancaixa *(Capital humano. Series históricas, 1964-1992)*.

[3] En todos los casos la ordenación establecida es de mayor a menor. Naturalmente, en el caso de los costes de personal por trabajador y costes laborales unitarios, la primera posición corresponde a la región que los tiene más elevados (Asturias), mientras que la última corresponde a la que los tiene más bajos (Extremadura).

TABLA 6.2

Indicadores de competitividad. 1992
(ordenación regional)

CC.AA.	1	2	3	4	5	6	7	8	9	10	11	12	13	14	15	16	Promedio
Andalucía	9	9	12	11	11	4	16	13	11	11	13	14	11	11	11	16	16
Aragón	7	8	7	16	8	7	5	9	17	6	14	5	15	2	15	4	9
Asturias	1	14	1	8	4	10	7	10	6	7	9	16	8	10	8	10	11
Baleares	14	2	16	1	15	16	12	6	7	15	4	2	6	15	4	1	3
Canarias	10	17	3	17	14	14	17	8	3	9	6	13	3	9	6	14	15
Cantabria	5	13	4	14	16	13	9	5	12	16	7	8	7	8	7	5	10
Castilla-La Mancha	15	6	15	4	16	15	11	15	16	3	16	7	17	3	16	11	8
Castilla y León	8	3	14	3	12	12	6	12	15	5	15	10	16	5	14	9	12
Cataluña	4	4	8	9	6	5	4	4	4	14	3	3	5	16	3	2	2
Com. Valenciana	12	15	9	2	6	9	8	11	5	13	5	6	4	14	5	3	2
Extremadura	17	1	17	10	17	11	15	16	14	1	17	17	14	4	17	17	14
Galicia	11	12	10	6	13	8	13	17	8	8	1	9	10	13	10	15	17
Madrid	3	5	5	15	2	1	10	1	2	17	8	12	1	17	1	13	4
Murcia	16	16	11	13	10	2	14	14	10	12	11	1	9	12	9	12	13
Navarra	6	10	6	7	3	3	1	3	9	2	2	2	12	1	13	7	5
País Vasco	2	11	2	7	3	6	2	2	1	4	11	11	2	6	2	8	1
Rioja (La)	13	7	13	5	7	17	3	7	13	10	12	4	13	7	12	6	6

Notas: 1. Costes de personal por trabajador. 2. Productividad aparente del trabajo. 3. Costes laborales unitarios. 4. Participación del VAB en la producción. 5. Tamaño empresarial. 6. Esfuerzo tecnológico (1987-1992). 7. VAB per cápita. 8. Población ocupada con estudios medios, anteriores a superiores y superiores. 9. Inversión pública/km². 10. Inversión pública/población. 11. Inversión privada/km². 12. Inversión privada/Población. 13. Stock de capital público/km². 14. Stock de capital público/población. 15. Stock de capital privado/km². 16. Stock de capital privado/población. El promedio se ha calculado otorgando a cada uno de los indicadores parciales la misma ponderación.

Fuente: Elaboración propia en base a los datos indicados en la nota número 2 del texto.

TABLA 6.3

Indicadores de competitividad (variación de posiciones)

CC.AA.	1	2	3	4	5	6	7	8	9	10	11	12	13	14	15	16
Andalucía	-1	-2	2	3	-1	1	-1	-1	-1	-1	-1	-1	0	-1	0	-1
Aragón	-1	5	2	-6	0	1	0	4	4	3	-2	2	1	1	0	-2
Asturias	0	-3	0	-2	-1	-4	-1	2	-3	-7	-1	4	2	0	0	-1
Baleares	1	0	-1	0	0	0	-1	-3	0	2	0	-7	-1	0	0	0
Canarias	1	0	-1	0	-1	3	0	2	1	2	0	9	0	-1	0	0
Cantabria	1	-8	-5	-10	-1	0	-2	-2	6	5	0	6	-1	1	0	2
Castilla-La Mancha	1	10	-3	12	0	-3	1	0	-1	-4	-1	-6	0	2	-1	-1
Castilla y León	1	1	0	5	1	-8	2	0	0	0	-1	9	1	0	0	2
Cataluña	-2	1	-2	0	-1	-2	1	-1	-1	-2	0	-7	1	1	0	0
Com. Valenciana	1	-1	-2	-1	-2	5	1	0	1	-3	0	-1	-2	-1	0	-1
Extremadura	0	16	0	5	0	-2	1	0	-2	-2	2	8	0	-1	-1	-1
Galicia	0	1	-2	3	1	2	0	0	1	0	-1	-8	1	0	-1	0
Madrid	1	3	6	-5	0	0	0	3	2	0	0	-2	0	1	0	2
Murcia	1	-7	0	0	0	9	-1	0	-5	3	-2	-7	-1	-5	-1	-1
Navarra	1	-1	0	-1	3	1	0	0	-2	0	-2	0	0	-1	1	-3
País Vasco	0	-8	2	-2	0	-1	0	0	-2	3	0	0	0	-1	0	3
Rioja (La)	1	4	1	-2	-2	-2	1	-6	2	4	1	-2	0	3	-1	-2

Notas: 1. Costes de personal por trabajador (1980-1992). 2. Productividad aparente del trabajo (1980-1992). 3. Costes laborales unitarios (1980-1992). 4. Participación del VAB en la producción (1980-1992). 5. Tamaño empresarial (1980-1992). 6. Esfuerzo tecnológico (1987-1992). 7. VAB per cápita (1980-1992). 8. Población ocupada con estudios medios, anteriores a superiores y superiores (1980-1992). 9. Inversión pública/km² (1985-1992). 10. Inversión pública/población (1985-1992). 11. Inversión privada/km² (1985-1992). 12. Inversión privada/población (1985-1992). 13. Stock de capital público/km² (1985-1992). 14. Stock de capital público/población (1985-1992). 15. Stock de capital privado/km² (1985-1992). 16. Stock de capital privado/población (1985-1992).

Fuente: Ídem tabla 6.2.

necesidad de emplear inputs intermedios—, de una especialización en productos muy convencionales —esto es, con bajo grado de transformación— o de una baja intensidad en el uso de recursos naturales), Baleares y Extremadura siguen estando muy bien situadas, mientras que Canarias, Aragón y Murcia ocupan los últimos lugares. Por otro lado, Castilla-La Mancha y Cantabria son, respectivamente, las comunidades que, en términos evolutivos, más posiciones han ganado y perdido en relación con este indicador.

c) Tamaño empresarial (en el sector industrial): Aquí son el País Vasco, Navarra y Madrid las regiones que cuentan con más empresas de elevada dimensión, por lo que, en principio, serían estas comunidades las que podrían beneficiarse más de la explotación de las economías de escala; en el polo opuesto se encuentran Extremadura, Castilla-La Mancha y Baleares, regiones todas ellas con una presencia industrial muy reducida (lo que puede justificar su buena posición en los tres primeros criterios). Navarra es aquí la comunidad que ha escalado más posiciones en el *ranking,* mientras que La Rioja y la Comunidad Valenciana son las regiones que más posiciones han cedido.

d) Esfuerzo tecnológico: De nuevo Madrid y el País Vasco ocupan posiciones punteras, además de Murcia (que es la que más mejora), al tiempo que, también de nuevo, Baleares y Castilla-La Mancha, amén de La Rioja, ocupan los peores lugares. Castilla y León es, a su vez, la región que más puestos cede.

e) PIB por habitante (en el sector industrial): Este indicador, representativo de la dimensión y pujanza del sector secundario entendido en sentido estricto, alcanza sus valores más bajos en Extremadura, Andalucía y Canarias, mientras que registra los niveles más altos en Madrid, País Vasco, Navarra y La Rioja. Cantabria y Castilla y León son, a su vez, las comunidades que peor y mejor se comportaron en términos de variaciones en el escalafón regional del PIB industrial por habitante, reflejando en el primer caso su declive industrial y, en el segundo, su creciente industrialización.

f) Capital humano: Valorando el capital humano en función de la cualificación de la población ocupada (porcentaje de la población con estudios medios, anteriores a superiores[4] y superio-

---

[4] Con la expresión «estudios anteriores al superior» se hace referencia a estudios

res), Madrid, País Vasco y Navarra siguen ocupando los primeros lugares de la clasificación regional, mientras que Galicia, Extremadura y Castilla-La Mancha se ubican en las últimas posiciones. Por otra parte, Aragón y La Rioja son las comunidades que más mejoraron y empeoraron, respectivamente, su posición relativa, lo que, en principio, tiene una difícil justificación, dada no sólo la proximidad geográfica entre ambas, sino, sobre todo, su relativa semejanza en estructuras productivas y comportamientos económicos.

g) Inversión y stock de capital: En relación con estas magnitudes las regiones privilegiadas son, en esencia, Madrid, País Vasco, Cataluña y Canarias, cuando el marco de referencia es la dimensión territorial, y Navarra y Baleares si el criterio que se toma como tal es la población; en sentido contrario, las comunidades peor dotadas son, por kilómetro cuadrado, las dos Castillas y Aragón, al tiempo que, en relación con la población, lo son Madrid, Baleares, Extremadura, Andalucía y Galicia. En términos evolutivos, las variaciones en la clasificación regional según la dotación de stock de capital (público y privado) han sido mínimas, aunque quizá Navarra haya llevado la peor parte y Castilla y León la mejor, al menos en relación a la población afectada.

En definitiva, y expresado a modo de síntesis, si se presta atención detallada a lo que indican las tablas 6.2 y 6.3, lo que se observa es que hay regiones que, de forma bastante sistemática, aparecen ubicadas en la parte alta o baja de los indicadores correspondientes, dando a entender con ello que su capacidad competitiva es comparativamente alta o baja, es decir, superior o inferior a la media del país. En concreto, Madrid y País Vasco, además de Cataluña, suelen ocupar las posiciones más destacadas, mientras que las más comprometidas corresponden (salvo en la vertiente de costes y productividad en el sector industrial) a Castilla-La Mancha y Extremadura.

---

de grado medio y al primer ciclo de Facultades Universitarias, Colegios Universitarios y Escuelas Técnicas Superiores. Con la expresión «estudios superiores» se hace referencia, fundamentalmente, a estudios de segundo y tercer ciclo de los centros antes mencionados.

6.3. La incertidumbre

Por último, tal y como se manifestó en el capítulo anterior, otra vía importante de ganancias de eficiencia es la que se manifiesta a través de la reducción de la incertidumbre cambiaria (desaparición total en las transacciones entre los países miembros de la UME), lo que se traduce en una mayor transparencia del mecanismo de precios y, en consecuencia, en unos mayores aumentos de bienestar. Ahora bien, puesto que las regiones que se beneficiarán más por esta vía serán, precisamente, las que se encuentren más abiertas a los intercambios intracomunitarios y las que tengan una mayor capacidad competitiva, se concluye que este mecanismo no hará más que reforzar los efectos causados por los dos mecanismos (eliminación de costes de transacción y reducción de las posibilidades de discriminación de precios) mencionados en las dos secciones anteriores.

7. Unión Monetaria Europea y regiones españolas: los costes

Tal y como se expuso con anterioridad, los costes que para las regiones europeas y, por tanto, españolas puede acarrear nuestra incorporación a la UME sólo se pondrán de manifiesto en el caso de que se cumplan dos condiciones: primera, que las regiones sufran perturbaciones asimétricas (esto es, que desestabilicen de manera singular su economía) y, segunda, que, para hacer frente a tales perturbaciones, las regiones no dispongan de mecanismos de ajuste alternativos a las variaciones del tipo de cambio nominal. En consecuencia, si pretendemos evaluar, aunque sólo sea en términos cualitativos, la magnitud de estos costes potenciales, tendremos que valorar, por un lado, cuál es la probabilidad de que las regiones españolas sufran perturbaciones asimétricas y, por otro y enfrentados con esta posibilidad, si cuentan o no con otras formas de combatir estas perturbaciones que no sean las alteraciones cambiarias nominales.

7.1. Unión monetaria y perturbaciones asimétricas

Para analizar las probabilidades que existen de que las regiones españolas sufran perturbaciones asimétricas[1] es necesario responder, a su vez, a dos cuestiones previas: por un lado, hay que ver cómo se identifica la existencia de tales perturbaciones y, por otro, hay que conocer qué factores influyen o determinan que la probabilidad de sufrir estas perturbaciones sea mayor o menor.

En relación con la primera cuestión, y teniendo en cuenta que no

---

[1] Aunque, para entendernos, nos referimos únicamente a las perturbaciones asimétricas propiamente dichas, hay que recordar que, aunque una perturbación pueda afectar a todas las regiones por igual (se trataría, por tanto, de una perturbación simétrica), el tipo de respuesta que dé cada región (en forma de modificaciones de precios y salarios) puede hacer que tal perturbación se comporte, de hecho, como si fuera asimétrica.

existe ninguna forma directa de identificar si una perturbación es o no asimétrica, hay que recurrir necesariamente a indicadores indirectos, reconociendo que todos ellos plantean el problema, prácticamente insoluble, de recoger, de forma simultánea, los efectos de la perturbación propiamente dicha y la respuesta dada a la misma (De Grauwe y Vanhaverbeke, 1993, y Bayoumi y Eichengreen, 1992).

Pues bien, al objeto de identificar en qué medida las regiones españolas se han visto sometidas a perturbaciones de carácter asimétrico en relación con el conjunto nacional, llevamos a cabo —para el período 1955-1995 y tomando como variable de referencia el VAB— un tipo de análisis que está basado en un trabajo original de Cohen y Wyplosz (1989) y en una adaptación del mismo al caso español, realizada por Myro y Perelli (1996). De acuerdo con este enfoque, se ponen de manifiesto los hechos siguientes (tabla 7.1):

1. Existen diferencias importantes en la tasa de crecimiento a largo plazo del VAB de las regiones españolas; algunas comunidades autónomas, particularmente Canarias, Baleares, Madrid y Murcia crecen sensiblemente por encima de la media nacional, mientras que otras, entre las que se encuentran las tres de la Cornisa Cantábrica, Castilla y León y Extremadura, lo hacen muy por debajo.

2. Que, con la clara excepción de Cantabria y, en menor medida, de Asturias, las regiones antes mencionadas han anotado una desviación típica en su crecimiento anual superior a la media nacional, lo que podría ser indicativo de que las disparidades que registran en relación con la tasa de crecimiento nacional no tienen carácter tendencial[2], algo que, como apuntamos más adelante, no se ve confirmado por nuestro análisis.

3. Tratando de profundizar en las asimetrías en las tasas de crecimiento del VAB regional, establecemos una medida de las mismas que viene dada, para cada comunidad autónoma, por la varianza del logaritmo del ratio entre el VAB regional y el VAB nacional. En este sentido se aprecia que, como norma general, las regiones que más han diferido en su tasa de crecimiento frente a la del conjunto nacional son las que tienen un mayor valor de la varianza, siendo la única excepción la constituida por Murcia.

---

[2] Este resultado difiere con el ofrecido, para el período 1980-1992, por Myro y Perelli (1996).

TABLA 7.1

Perturbaciones asimétricas (calculadas mediante un ajuste tendencial cuadrático)							
CC.AA.	Cto. medio 1955-95	Desv. típica	Diferencial de cto. con España	A = Var× 1.000	B = Var× 1.000	(B/A) ×100	*Ranking*
Andalucía	3,89	2,63	−0,21	1,13	0,35	30,51	14
Aragón	3,73	3,17	−0,37	3,77	0,72	18,97	12
Asturias	2,96	2,88	−1,14	22,32	0,55	2,45	1
Baleares	5,26	5,16	1,16	29,31	3,87	13,19	8
Canarias	5,44	4,62	1,34	38,34	2,86	7,45	5
Cantabria	3,16	2,38	−0,94	22,20	1,51	6,82	3
Castilla-La Mancha	3,62	3,32	−0,48	10,33	0,97	9,44	6
Castilla y León	3,24	3,33	−0,86	15,93	1,10	6,88	4
Cataluña	4,08	3,82	−0,02	0,57	0,27	47,35	15
C. Valenciana	4,47	3,16	0,37	4,53	1,36	30,08	13
Extremadura	3,26	3,55	−0,84	30,68	3,10	10,11	7
Galicia	4,03	2,68	−0,07	0,95	0,74	78,73	16
Madrid	5,15	3,85	1,05	17,42	0,64	3,68	2
Murcia	4,62	3,21	0,52	5,54	0,86	15,47	10
Navarra	3,94	3,69	−0,16	1,47	1,18	80,04	17
País Vasco	3,35	3,93	−0,75	13,78	2,06	14,94	9
Rioja (La)	3,68	3,04	−0,42	7,38	1,29	17,44	11
España	4,10	2,94	0,00				

Nota: A = varianza de la serie original; B = varianza del componente transitorio de la serie original
Fuente: Ídem tabla 3.1.

4. A continuación, para identificar las perturbaciones asimétricas calculamos el componente transitorio (o cíclico) de la serie original de las tasas de crecimiento del VAB, para lo que (dado que el ajuste realizado con una tendencia lineal daba resultados poco significativos) ajustamos, para cada comunidad autónoma, una tendencia cuadrática, calculando posteriormente la varianza de la misma. Por último, computamos, también para cada región, el porcentaje que la varianza del componente transitorio de la serie original representa sobre la varianza de la

referida serie original, identificando tal porcentaje como la medida de las perturbaciones asimétricas. En este sentido, los resultados que obtenemos permiten sostener que las regiones en las que la probabilidad de sufrir una perturbación diferenciada es mayor son las de Navarra y Galicia, seguidas de Cataluña, Andalucía y Comunidad Valenciana, comunidades todas ellas que, excepto la valenciana, han experimentado un diferencial de crecimiento con la media nacional muy poco acusado; por el contrario, Asturias, Cantabria y Castilla y León son las regiones en las que la mencionada probabilidad alcanza un valor más reducido, por lo que se deduce que han crecido tendencialmente por debajo de la media. En definitiva, concluimos, al igual que Myro y Perelli (1996), que no parece existir una asociación muy estrecha entre el crecimiento diferencial de algunas regiones y la importancia de las perturbaciones asimétricas a que han estado sometidas.

Pese a su valor informativo, estos resultados hay que tomarlos con enorme precaución, al menos por tres motivos: en primer lugar, porque, como se dijo anteriormente, la serie utilizada (VAB) recoge en sus valores tanto las perturbaciones sufridas como las respuestas dadas a la misma por parte de cada comunidad autónoma; en segundo lugar, porque estamos identificando las perturbaciones asimétricas con los residuos (componentes transitorios) de la serie original; y, en tercer lugar, porque el horizonte temporal contemplado (1955-1995) es tan amplio, y recoge cambios estructurales de tal intensidad, que se hace difícil comparar la situación entre los años extremos de la muestra.

En relación con la segunda cuestión planteada, la relativa a los factores que inciden en el hecho de que la probabilidad de sufrir una perturbación asimétrica sea mayor o menor, recordamos que en la literatura económica normalmente se citan tres: la estructura productiva, el comercio intra-industrial y los efectos aglomeración, considerándose que cuanto más especializada se encuentre una región, menor sea su comercio intra-industrial y mayores los efectos de aglomeración, más elevada será la referida probabilidad.

7.1.1. La estructura productiva

Analizando inicialmente el primero de estos factores, el relativo a las disparidades regionales en la estructura productiva, el índice utili-

TABLA 7.2

Coeficientes de especialización regional							
CC.AA.	1983	1985	1987	1989	1991	1993	Promedio
Andalucía	0,22	0,21	0,21	0,22	0,23	0,21	0,21
Aragón	0,16	0,17	0,16	0,17	0,18	0,19	0,17
Asturias	0,39	0,40	0,39	0,36	0,31	0,29	0,35
Baleares	0,40	0,49	0,54	0,50	0,49	0,51	0,48
Canarias	0,34	0,38	0,40	0,39	0,36	0,33	0,36
Cantabria	0,25	0,27	0,25	0,22	0,20	0,18	0,22
Castilla-La Mancha	0,31	0,35	0,35	0,37	0,34	0,32	0,33
Castilla y León	0,31	0,31	0,32	0,31	0,30	0,27	0,30
Cataluña	0,31	0,30	0,30	0,28	0,26	0,25	0,28
C. Valenciana	0,25	0,25	0,25	0,24	0,23	0,22	0,24
Extremadura	0,41	0,42	0,43	0,45	0,44	0,44	0,47
Galicia	0,52	0,54	0,50	0,49	0,34	0,32	0,46
Madrid	0,42	0,42	0,40	0,40	0,34	0,33	0,38
Murcia	0,27	0,25	0,23	0,23	0,22	0,25	0,23
Navarra	0,28	0,27	0,30	0,31	0,35	0,35	0,31
País Vasco	0,44	0,43	0,41	0,38	0,36	0,32	0,39
Rioja (La)	0,32	0,30	0,29	0,30	0,33	0,33	0,30

Nota: El índice de especialización regional (IER_i) viene dado por la expresión:

$$IER_i = \sum_j \left| (Lij/Li) - (Lj/L) \right|$$

donde L se refiere a la variable objeto de atención, i a la región y j al sector productivo.
Fuente: Elaboración propia en base a datos del BBV.

zado, conocido como índice de especialización regional (IER_i), viene dado por la expresión indicada en la nota de la tabla 7.2; adviértase que los valores del índice están acotados entre 0 y 2, cumpliéndose que cuanto mayor es el valor del índice, más difiere la estructura de la región i con relación al conjunto nacional. Computados estos índices con relación a la variable «empleo» a lo largo de los años 1983, 1985, 1987, 1989, 1991 y 1993 y para un desglose sectorial en veinticuatro sectores de actividad (el utilizado en los estudios de Renta Nacional del BBV), los valores obtenidos aparecen reflejados en la mencionada tabla 7.2, de la que se pueden extraer, entre otras, las dos conclusiones siguientes:

— En primer lugar, que sea cual sea el valor alcanzado por el índice de especialización, existe una tendencia generalizada, con las excepciones de Baleares y Navarra, hacia el mantenimiento y/o aproximación de las estructuras ocupacionales entre todas las comunidades autónomas.

— En segundo lugar, que el grado de especialización varía considerablemente entre regiones, siendo Baleares, Canarias, Extremadura, Galicia, Madrid, y País Vasco las que alcanzan valores más elevados y Aragón, Andalucía y Cantabria las que lo tienen más bajo. En consecuencia, la probabilidad de sufrir perturbaciones asimétricas sería menor en estas tres últimas regiones que en aquellas —mencionadas anteriormente— que se encuentran más especializadas; en todo caso, teniendo en cuenta que el recorrido del índice varía entre 0 y 2, está claro que el valor alcanzado en todas las regiones es lo suficientemente bajo como para considerar que las estructuras productivas no difieren sensiblemente entre comunidades autónomas. Así pues, habría que concluir señalando que, de seguir con esta tendencia, y en cierta medida en contraposición con lo sucedido en el pasado, no parece que el riesgo de sufrir perturbaciones asimétricas, o diferenciadas, vaya a tener una gran importancia para las regiones españolas en los próximos años.

En el epílogo a este trabajo construimos un nuevo indicador estadístico de las diferencias existentes entre las estructuras productivas de cada comunidad autónoma y la del conjunto del país y, aunque los resultados no coinciden plenamente con los de la tabla 7.2, las discrepancias no son de gran entidad, por lo que se refuerzan las conclusiones arriba mencionadas.

7.1.2. El comercio intra-industrial[3]

En relación con el segundo de los factores anteriormente mencionados, esto es, el relativo al comercio intra-industrial, nuestra pretensión en este epígrafe es realizar un somero análisis descriptivo del mismo, destacando sus principales rasgos, tanto a nivel global como por

---

[3] Este epígrafe reproduce, parcialmente y con algunas modificaciones, un trabajo de Carrera y Villaverde (1998).

comunidades autónomas. En particular, se pretende abordar, entre otras, las siguientes cuestiones o aspectos relativos a dicho comercio: en primer lugar, cuál es la participación relativa del comercio intra-industrial en el comercio exterior de cada una de las regiones españolas y cuáles de éstas presentan mayores niveles de dicho comercio, tanto con los países de la UE como con los del resto del mundo. En segundo lugar, en qué regiones se encuentran los intercambios intra-industriales más uniformemente distribuidos entre las distintas categorías de productos, esto es, en qué comunidades autónomas afectan estos intercambios a un mayor número de productos y qué grado de estabilidad intertemporal tienen los patrones de los intercambios intra-industriales de las distintas regiones. Por último, se intenta establecer un *ranking* de las distintas regiones españolas, de manera que proporcione información sobre cuáles de ellas se encuentran en mejor posición relativa y cuáles se sitúan de una forma menos ventajosa con relación a la probabilidad de que dichas regiones se vean sometidas a perturbaciones de carácter asimétrico.

El análisis cubre el horizonte temporal que va de 1988 a 1996 y, para su realización, se ha utilizado una amplia base de datos de importaciones y exportaciones, desagregadas por capítulos arancelarios, provincias y países (los datos utilizados han sido proporcionados por la Subdirección General de Aplicaciones de Aduanas e Impuestos Especiales del Ministerio de Comercio y Turismo) que posteriormente se han reagrupado para obtener los valores correspondientes a las distintas comunidades autónomas y áreas geográficas consideradas (UE y resto del mundo).

El cálculo de la participación de los intercambios intra-industriales en cada uno de los grupos de productos considerados se ha realizado mediante el empleo del índice tradicional de Grubel y Lloyd (1975). Este indicador (CII), que expresa la proporción de comercio intra-industrial existente en una determinada categoría de productos, viene dado por las expresiones mostradas en la nota de la tabla 7.3, la primera de ellas para el caso de un producto específico y la segunda para el conjunto de la economía. En ambos casos, es decir, tanto en el del indicador agregado como en el relativo a un solo sector, el índice toma valores comprendidos entre 0 y 1, siendo el comercio intra-industrial tanto más importante cuanto más cerca de la unidad se encuentre el valor del índice.

Finalmente, el estudio de la estabilidad de los patrones del comercio intra-industrial de las distintas comunidades autónomas a través del

TABLA 7.3

Comercio intra-industrial de las regiones españolas (1988-1996)

CC.AA.	Unión Europea			Resto del mundo			Total mundial		
	Índice CII 1996	CII promedio 1988-1996	Variación CII 1988-1996	Índice CII 1996	CII promedio 1988-1996	Variación CII 1988-1996	Índice CII 1996	CII promedio 1988-1996	Variación CII 1988-1996
Andalucía	0,4562	0,4299	0,0347	0,3412	0,2766	0,0320	0,4392	0,3932	0,0342
Aragón	0,5565	0,5667	-0,0116	0,4072	0,3725	0,0140	0,5519	0,5621	-0,0141
Asturias	0,3941	0,3333	0,0944	0,2690	0,1919	0,1143	0,3735	0,3044	0,1314
Baleares	0,6857	0,3626	0,5946	0,5682	0,2853	0,5335	0,6463	0,4037	0,5823
Canarias	0,1123	0,0965	0,0629	0,2243	0,1723	0,0428	0,1834	0,1433	0,0515
Cantabria	0,5471	0,5715	-0,0196	0,2448	0,2375	0,0573	0,5593	0,5447	0,0415
Castilla-La Mancha	0,4966	0,4012	0,2368	0,4262	0,2787	0,3804	0,5053	0,4066	0,3064
Castilla y León	0,6847	0,6749	0,0042	0,3064	0,2612	0,1358	0,6947	0,6812	0,0492
Cataluña	0,7183	0,6767	0,0866	0,5623	0,5051	0,0985	0,7103	0,6605	0,0948
C. Valenciana	0,5451	0,5196	0,0451	0,4125	0,3829	0,0714	0,5194	0,5030	0,0470
Extremadura	0,3846	0,3341	0,1041	0,2089	0,1655	0,0925	0,3918	0,3310	0,1439
Galicia	0,6426	0,6143	0,1070	0,2798	0,2523	-0,0203	0,6071	0,5485	0,1124
Madrid	0,4548	0,3995	0,1573	0,5710	0,4619	0,1839	0,4979	0,4384	0,1537
Murcia	0,2431	0,2093	0,0686	0,3078	0,2895	0,0762	0,3118	0,2887	0,0915
Navarra	0,5660	0,6093	0,0175	0,4279	0,3763	0,1732	0,5663	0,5932	0,0532
País Vasco	0,6789	0,7032	-0,0252	0,4580	0,4237	0,0486	0,6351	0,6457	-0,0418
Rioja (La)	0,3825	0,4214	-0,0557	0,3141	0,2129	0,2236	0,4171	0,3949	0,0926
Total	0,5866	0,5550	0,0851	0,4541	0,3907	0,1056	0,5775	0,5363	0,0929

Nota: Denotando con los símbolos X y M a las exportaciones e importaciones, el comercio intra-industrial para una categoría de productos j viene dado por la expresión:

$$CII_j = 1 - \frac{\left| X_j - M_j \right|}{(X_j + M_j)}$$

A su vez, el índice agregado viene dado por la expresión

$$CII = 1 - \frac{\sum_{j=1}^{n} \left[(X_j + M_j) - \left| X_j - M_j \right| \right]}{\sum_{j=1}^{n} (X_j + M_j)} = \sum_{j=1}^{n} W_j \cdot CII_j$$

donde

$$W_j = \frac{(X_j + M_j)}{\sum_{j=1}^{n} (X_j + M_j)}$$

Fuente: Elaboración propia con datos de la S. G. de Aplicaciones de Aduanas e Impuestos Especiales del Ministerio de Comercio y Turismo.

tiempo, así como las diferencias en la composición por productos de este tipo de comercio, según las regiones y áreas consideradas, se aborda mediante el empleo de algunos indicadores estadísticos, en particular del coeficiente de correlación. Por último, para analizar el grado de homogeneidad en la distribución del comercio intra-industrial entre las diversas categorías de productos en los intercambios de las distintas comunidades autónomas, tanto con la UE como con los países del resto del mundo, se utiliza como indicador el coeficiente de variación de los respectivos índices de comercio intra-industrial.

Los resultados obtenidos evidencian la importancia del comercio intra-industrial entre las distintas regiones españolas y los diversos grupos de países considerados durante el período analizado. En concreto, la tabla 7.3 muestra los índices de comercio intra-industrial de todas y cada una de las comunidades autónomas para el año 1996. Asimismo, dicha tabla incluye, por una parte, los índices promedio correspondientes a cada región para todo el período considerado (índices que se han obtenido calculando la media de los correspondientes índices anuales, ponderados por la participación del comercio de cada año en el comercio total del período) y, por otra parte, las variaciones (calculadas por diferencia entre los correspondientes índices de comercio intra-industrial) que han sufrido los niveles de comercio intra-industrial de las distintas regiones entre el principio y el final del intervalo temporal analizado.

Centrándonos en la tabla 7.3, cabe reseñar, en primer lugar, la creciente relevancia que el comercio intra-industrial tiene en nuestro país, hecho que puede apreciarse al observar que, a finales del período examinado, más de la mitad de los intercambios comerciales internacionales de las regiones españolas, consideradas en su totalidad, es de carácter intra-industrial. Por otra parte, la importancia relativa de dicho tipo de transacciones se incrementa, con carácter general, si analizamos los intercambios de nuestras comunidades autónomas con la UE, mientras que la participación de este tipo de comercio resulta bastante menor en los intercambios realizados con los países del resto del mundo (salvo en los casos de Canarias, Madrid y Murcia). No obstante lo dicho, el panorama que muestra el análisis pormenorizado del comercio intra-industrial en cada una de las regiones españolas refleja la existencia de grandes diferencias entre ellas, diferencias que, además, parecen persistir durante todo el período considerado.

Tal y como puede apreciarse en la mencionada tabla 7.3, entre las regiones que presentan mayores niveles de comercio intra-industrial, en 1996, se encuentran Cataluña, País Vasco y Baleares; las comunidades autónomas de Castilla y León y Galicia muestran, igualmente, una elevada proporción de comercio intra-industrial, salvo en sus intercambios con los países no comunitarios. En cuanto a las regiones cuya posición relativa en el último año considerado resulta más desfavorable, hay que citar a Canarias, Extremadura, Asturias y Murcia, tanto en lo que se refiere a las transacciones con todo el mundo como en el comercio con la propia UE o con los países no comunitarios.

Si nos centramos en todo el período analizado (1988-1996), podemos señalar que las regiones con mayor proporción de comercio intra-industrial a lo largo del mismo son Cataluña, País Vasco y Navarra. Hay que destacar que Castilla y León presenta, asimismo, una elevada proporción de comercio intra-industrial, tanto si consideramos las transacciones con todo el mundo como los intercambios con los países de la UE (no así, como hemos mencionado, en lo que se refiere a los países no comunitarios); este hecho podría explicarse, en parte, por la presencia de Renault en dicha región[4]. En los últimos puestos se sitúan Canarias, Murcia, Asturias y Extremadura, con una participación relativa de los intercambios intra-industriales que no llega, en ninguno de los años considerados, al 40 por 100, y con niveles promedio de comercio intra-industrial para todo el período inferiores, en todos los casos, a un 34 por 100.

Entre las regiones con mayores niveles de comercio intra-industrial con la UE cabe citar, igualmente, a Galicia, que ha ido ganando posiciones con el transcurso del tiempo; hay que apuntar, no obstante, que en los altos niveles de comercio intra-industrial que mantiene esta región con los países comunitarios influye, con toda probabilidad, la presencia de Citroën[5]. De igual modo, es destacable el caso de Navarra, cuya posición relativa, aun siendo buena, muestra, sin embargo,

---

[4] De hecho, los índices de comercio intra-industrial de Castilla y León correspondientes al capítulo 87 del Arancel (Vehículos automóviles, tractores, ciclos y demás vehículos terrestres, sus partes y accesorios) alcanzan, en el año 1996, valores de 0,7133 (para las transacciones con la Unión Europea) y 0,6993 (para los intercambios con todo el mundo). Hay que señalar, además, que el comercio global (importaciones más exportaciones) de esta región en dicho capítulo supone, en el año mencionado, más de un 40 por 100 de las transacciones totales de dicha comunidad autónoma, tanto en el caso de los intercambios con los países comunitarios como en el comercio con todo el mundo.

[5] El índice de comercio intra-industrial de Galicia con la UE en el capítulo 87 alcanza, en el año 1996, un valor de 0,9203, representando las transacciones de la región con los países comunitarios, en este capítulo, un 42 por 100 de los intercambios totales de la misma.

un empeoramiento progresivo a lo largo del período. Por otro lado, las regiones en las que el comercio intra-industrial con la Unión Europea muestra niveles más reducidos son, de nuevo, Canarias, Murcia, Asturias y Extremadura.

El comercio intra-industrial de las regiones españolas con los países del resto del mundo (excluidos, por tanto, los de la UE) presenta, sin embargo, un panorama diferente. Mientras que regiones como Cataluña y País Vasco siguen manteniendo niveles de comercio intra-industrial relativamente importantes, la comunidad autónoma de Castilla y León pasa a ocupar un puesto bastante inferior al que tenía al considerar los intercambios totales o con los países de la UE. Por otra parte, es preciso destacar el hecho de que la comunidad de Madrid muestra unos niveles de comercio intra-industrial con los países no comunitarios mayores que los correspondientes a las transacciones con la UE, situándose en primera posición en cuanto a la importancia relativa de este tipo de comercio a partir del año 1994 y hasta el final del período. Merece la pena destacar, igualmente, el caso de Valencia, porque, pese a mantener niveles de comercio intra-industrial con el resto del mundo inferiores a los que registra con la UE, pasa a ocupar una posición relativa mucho más importante cuando tenemos en cuenta las transacciones con los países no comunitarios. En cuanto a las regiones peor situadas en este apartado, debemos hacer mención, nuevamente, de Extremadura, Canarias y Asturias. Por último, la comunidad autónoma de La Rioja registra, asimismo, una participación escasa del comercio intra-industrial en sus intercambios con el resto del mundo, si bien debe destacarse que la posición relativa de esta región ha experimentado una mejoría a lo largo del período de referencia.

En definitiva, las regiones de Cataluña y País Vasco registran, en promedio, niveles de comercio intra-industrial superiores al de todas las demás regiones, tanto en los intercambios totales como en las transacciones con la UE y el resto del mundo; por el contrario, Canarias, Extremadura, Asturias y Murcia presentan niveles promedio de comercio intra-industrial, para el período considerado, sensiblemente inferiores a la media nacional. Las comunidades de Castilla y León, Galicia y Navarra y, en menor medida, Cantabria y Aragón, mantienen, por otra parte, una posición ventajosa con respecto a la media en sus intercambios con los países de la UE, no ocurriendo lo mismo en lo que se refiere a las transacciones con el resto del mundo. Por otra parte, la observación de los resultados obtenidos a partir del cálculo de la dispersión relativa de los índices de comercio intra-industrial de las distintas regiones para los nueve años considerados, indica que dicho tipo de comercio se encuentra más homogéneamente distribuido (esto es, afecta a un mayor número de productos) en regiones como Cataluña, País Vasco y Valencia, puesto que en ellas se obtienen los coeficientes de variación o dispersión con valores más reducidos. En cambio, los coeficientes de variación alcanzan valores mucho más elevados en las comunidades autónomas de Canarias, Asturias, Murcia y Extremadura, sugiriendo con ello que los intercambios intra-industriales se encuentran en estas regiones, en comparación con el conjunto nacional, concentrados en un reducido número de productos.

Otros rasgos característicos del comercio intra-industrial de las regiones españolas durante el intervalo temporal analizado, adicionales a los ya comentados, son los que se exponen a continuación:

1. Con relación a las variaciones en los niveles de comercio intra-industrial de nuestras regiones a lo largo del período de referencia, hay que señalar que los índices agregados de comercio intra-industrial presentan, en general, una tendencia creciente, lo que sucede con independencia de que consideremos los intercambios con todo el mundo, las transacciones con la UE o el comercio con los países del resto del mundo.

2. Por otra parte, y con objeto de estudiar la estabilidad temporal de los patrones de este tipo de intercambios en las distintas regiones, hemos calculado los coeficientes de correlación entre las series de índices de comercio intra-industrial correspondientes al principio y al final del período examinado (años 1988 y 1996), para los tres ámbitos geográficos de referencia. A la luz de los resultados obtenidos, que aparecen reflejados en la tabla 7.4, cabe efectuar las siguientes consideraciones:

   a) En lo que se refiere a los intercambios con todo el mundo, los patrones de comercio intra-industrial parecen haberse mantenido razonablemente estables para algunas regiones, entre las que cabe citar a Cataluña, País Vasco, Madrid, Valencia y Cantabria; los valores que presentan los coeficientes de correlación en estas regiones sugieren que las categorías de productos que presentan altos niveles de comercio intra-industrial tienden a ser las mismas a lo largo del tiempo. Por el contrario, Castilla-La Mancha,

TABLA 7.4

Coeficientes de correlación entre las series de índices de comercio intra-industrial de las regiones españolas (1988 y 1996)			
CC.AA.	**Coeficiente de correlación simple 1988-1996**		
	Unión Europea	**Resto del mundo**	**Total mundial**
Andalucía	0,3284	0,3888	0,4235
Aragón	0,3777	0,2426	0,4798
Asturias	0,4778	0,1805	0,5067
Baleares	0,1895	0,4059	0,2385
Canarias	0,5514	0,3883	0,5086
Cantabria	0,5056	0,4226	0,5939
Castilla-La Mancha	0,4199	0,1716	0,2051
Castilla y León	0,4468	0,1579	0,3839
Cataluña	0,5951	0,5430	0,6307
C. Valenciana	0,5111	0,5310	0,5146
Extremadura	0,2384	0,3133	0,2954
Galicia	0,3315	0,3332	0,4946
Madrid	0,4635	0,4573	0,5624
Murcia	0,3375	0,3750	0,3199
Navarra	0,4553	0,3271	0,3873
País Vasco	0,4609	0,4248	0,5337
Rioja (La)	0,3308	0,2872	0,3934
Fuente: Ídem tabla 7,3.			

Baleares y Extremadura registran unos niveles de correlación bajos entre el principio y el final del período.

b) Los patrones que sigue el comercio intra-industrial con los países de la Unión Europea parecen haber experimentado cambios sustanciales en algunas regiones, entre las que se encuentran Baleares y Extremadura, mientras que se han mantenido más estables en regiones como Cataluña, Valencia, Cantabria y Canarias. En cuanto a la composición por productos del comercio intra-industrial con los países no comunitarios, los resultados sugieren que la misma ha variado de forma significativa en Asturias, Castilla-La

Mancha, Castilla y León, Aragón y La Rioja, contraria-
mente a lo que sucede con las comunidades autónomas de
Cataluña y Valencia.

c) Por último, la estabilidad temporal de los patrones del
comercio intra-industrial es mayor para los intercambios
con la UE que con los países no comunitarios, excepto en
Baleares, Extremadura, Murcia, Galicia, Andalucía y Valencia, ocurriendo que, para algunas regiones (Asturias,
Castilla-La Mancha y Castilla y León), esta diferencia es
sustancial. En relación con esta cuestión, resulta interesante
mencionar, asimismo, el caso de Baleares, cuyos patrones
de comercio intra-industrial con los países no comunitarios parecen haberse mantenido significativamente más estables que los relativos a los intercambios con la UE.

d) Además, hay que anotar que los reducidos valores de los
coeficientes de correlación entre los índices correspondientes al comercio intra-industrial con la Unión Europea
y con el resto del mundo, obtenidos para las distintas regiones españolas, sugieren que las transacciones intra-industriales con ambos grupos de países afectan a distintas
categorías de productos.

3. Resulta de interés mencionar, por último, que los coeficientes
de correlación de rangos entre las series de índices agregados
de comercio intra-industrial de las distintas comunidades autónomas (comparando la serie de cada año con la del año anterior) presentan en su mayoría valores superiores a 0,9. Los
elevados valores alcanzados por estos coeficientes, que pro-
porcionan información acerca de la evolución de la posición
relativa de las distintas regiones, en lo que a niveles de comercio intra-industrial se refiere, sugieren que no ha habido
variaciones sustanciales de dicha posición relativa a lo largo
del período de tiempo analizado. Esto significa, naturalmente,
que son siempre las mismas comunidades autónomas las que
registran una mayor participación del comercio intra-industrial,
tanto si consideramos las transacciones comerciales con todo
el mundo como sólo con la UE o con los países no pertene-
cientes a este esquema de integración. De igual modo, son
siempre las mismas regiones las que se encuentran ocupando
los puestos más desfavorables en este sentido.

TABLA 7.5

***Ranking* (de mejor a peor posición relativa) de las regiones españolas según el nivel medio de comercio intra-industrial del período 1988-1996 y la variación del comercio intra-industrial entre los años 1988 y 1996**

Unión Europea	Resto del mundo	Total mundial
Cataluña	Madrid	Cataluña
Galicia	Cataluña	Castilla y León
País Vasco	Navarra	Navarra
Castilla y León	País Vasco	Galicia
Navarra	C. Valenciana	País Vasco
Cantabria	Baleares	Madrid
C. Valenciana	Castilla-La Mancha	Aragón
Aragón	Murcia	Castilla-La Mancha
Castilla-La Mancha	Aragón	Baleares
Andalucía	Castilla y León	Cantabria
Madrid	Andalucía	C. Valenciana
Baleares	Rioja (La)	Rioja (La)
Extremadura	Cantabria	Extremadura
Rioja (La)	Asturias	Asturias
Asturias	Galicia	Andalucía
Murcia	Extremadura	Murcia
Canarias	Canarias	Canarias

Fuente: Ídem tabla 7.3.

Finalmente, y a título meramente ilustrativo, la tabla 7.5 muestra una ordenación de las regiones españolas (de mejor a peor posición relativa), establecida teniendo en cuenta tanto el nivel promedio de comercio intra-industrial durante el período analizado (1988-1996), como la variación de los índices correspondientes entre los años 1988 y 1986[6].

---

[6] Al calcular el promedio de estos dos factores, hemos concedido un peso mayor (0,75) al primero de ellos (nivel promedio de comercio intra-industrial de todo el período) que al segundo (variación del índice de comercio intra-industrial entre 1988 y 1996). Esta elección ha sido motivada por considerar que, de algún modo, el primer elemento refleja, de forma más general, cuál es la situación real de las distintas regiones en relación con el caso que nos ocupa. Indudablemente, podrían asignarse, siguiendo otros criterios, ponderaciones diferentes, lo que daría lugar a algunas variaciones en el *ranking* de regiones obtenido; éstas, sin embargo, no serían muy significativas.

Según este criterio, las regiones que se situarían en una mejor posición serían las de Cataluña, Navarra, País Vasco, Castilla y León y Galicia (estas dos últimas, salvo en los intercambios con los países no comunitarios), mientras que, por el contrario, Canarias, Asturias, Murcia y Extremadura serían las regiones que se situarían en los últimos puestos.

En consecuencia, si atendemos a esta catalogación regional, se puede afirmar que, de mantenerse la actual situación (como parece previsible a juzgar por los resultados obtenidos), la probabilidad de sufrir perturbaciones asimétricas sería menor en las cuatro primeras regiones mencionadas que en las cuatro últimas (que registran niveles de comercio intra-industrial notablemente inferiores), encontrándose el resto de las comunidades autónomas, naturalmente, en una situación intermedia. En todo caso, interesa destacar que, como norma general, el comercio intra-industrial de las regiones españolas ha ido experimentando una suave tendencia ascendente, por lo que es de esperar que la misma prosiga; de ocurrir esto así, también ocurrirá que la probabilidad de sufrir perturbaciones que desestabilicen de manera especial a una región concreta seguirá disminuyendo con el paso del tiempo.

7.1.3. Los efectos de aglomeración

Si los dos factores examinados con anterioridad (especialización industrial y comercio intra-industrial) abundan en la tesis de que cuanto mayor sea el grado de integración económica mayor será el de convergencia, no podemos dejar de mencionar aquí que existe otra escuela de pensamiento —cuyos orígenes se encuentran en los trabajos pioneros de Myrdal y Perroux— que relaciona la integración económica con los procesos de divergencia. Recientemente, los trabajos de Markusen (1983) y Krugman (1991) han aportado nuevos argumentos en esta dirección.

En concreto, Markusen (1983) considera que, aun cuando las dotaciones relativas de factores sean iguales entre países, las diferentes especializaciones nacionales se pueden explicar por la presencia de algún tipo de ventaja tecnológica, por la aplicación de políticas gubernamentales que han tenido éxito y/o por la existencia de un entorno dinámico y competitivo. Pues bien, en este contexto no sólo no se cumple el teorema de la igualación de los precios de los factores, sino que, por el contrario, la movilidad factorial refuerza los patrones de especialización, agudizando así las diferencias entre regiones centrales y periféricas.

Por otro lado, el enfoque de Krugman, poniendo el énfasis en los efectos de aglomeración, llega también a la conclusión de que integración económica y convergencia no están necesariamente unidas. La Geografía Económica, entendida como *la localización de la producción en el espacio* (Krugman, 1991), es decir, como el análisis de las interrelaciones entre economía y espacio, es una rama de la ciencia económica que, pese a tener una larga tradición, sólo muy recientemente (y merced a los trabajos de Krugman) ha recibido una renovada atención. Desde nuestro punto de vista, el interés por la Geografía Económica radica en el hecho de que uno de los aspectos básicos de la misma es, precisamente, el relativo a la aglomeración de la actividad productiva, entendida como la distribución de la misma en el espacio; el otro aspecto básico de la misma, estrechamente conectado con el anterior, es el de la localización de la referida actividad.

Pues bien, tal y como mencionamos al principio de esta sección, la mayor o menor presencia de los llamados «efectos de aglomeración» es otro de los factores que —junto con los ya examinados— puede influir de forma decisiva en la aparición, o no, de shocks asimétricos y en su mayor o menor relevancia.

De acuerdo con el enfoque de Krugman (1991), uno de los aspectos más llamativos de la distribución geográfica de la actividad económica es su concentración espacial, *lo que constituye una prueba clara de la influencia permanente de algún tipo de rendimientos crecientes,* en estrecha conexión con los costes de transporte y la demanda (o tamaño del mercado). Por otro lado, y desde el punto de vista de las economías de localización, los tres principales factores que favorecen la concentración de una actividad económica en un determinado lugar son, de acuerdo con Marshall, la existencia de un mercado de trabajo conjunto para trabajadores cualificados, la disponibilidad de factores y servicios específicos de una industria (posibilidades de aprovisionamiento) y la traslación u ósmosis de conocimientos tecnológicos *(technological spillovers).*

Traducido este planteamiento al caso que nos ocupa, valga recordar que, tal y como se ha manifestado en distintas ocasiones, el establecimiento de la UME no supone, en el fondo, más que un avance (sustancial, eso sí) en el proceso de integración europea, lo que, entre otras cosas, conlleva un paso adelante en la reducción de los impedimentos al comercio. Siendo esto así, es preciso manifestar que el progreso hacia el libre comercio puede redundar tanto en una menor concentración geográfica de la actividad productiva (cuando los costes de transporte en que hay que incurrir para abastecer los mercados son elevados) como en una mayor concentración de la misma (si, por el contrario, la fuerza dominante es el aprovechamiento de las economías de escala y los costes de transporte son bajos). Naturalmente, el balance entre estas fuerzas centrífugas y centrípetas afectará de manera decisiva la localización espacial de las actividades económicas, haciendo que ésta se decante por una localización dispersa o por una en forma de *clusters*.

En este último caso, la argumentación se puede expresar de la forma siguiente:

1. La integración de los mercados, auspiciada por la formación de la UME, promoverá una mayor especialización productiva.
2. En un mundo de rendimientos crecientes, este aumento de la especialización productiva llevará a un mayor aprovechamiento de las economías de escala, lo cual conducirá, a su vez, a la concentración espacial de la actividad económica.
3. A su vez, esta mayor concentración de la actividad hará que la probabilidad de sufrir perturbaciones asimétricas aumente, ya que los shocks sectoriales se convertirán, en estas circunstancias, en shocks espaciales (regionales).
4. Además, la movilidad de los factores de producción —que se verá acentuada con el establecimiento de la UME— actuará de forma procíclica, reforzando así la depresión en la región (o regiones) afectada(s) negativamente por la perturbación.
5. Como consecuencia de todo ello, no sólo será más probable que ocurran shocks asimétricos, sino que, además, éstos tenderán a provocar efectos permanentes sobre la producción y el empleo.

Reconocida la influencia que los efectos de aglomeración pueden tener a la hora de determinar la probabilidad de sufrir perturbaciones territorialmente diferenciadas, la cuestión estriba en conocer la potencial importancia de los mismos en las regiones españolas. A tal efecto, y recurriendo como en ocasiones anteriores a la información que nos suministra la evidencia disponible, hemos calculado la relevancia de tales efectos de aglomeración —para una desagregación en veinticuatro sectores de actividad de la variable empleo— a través del uso de los llamados coeficientes de concentración de Gini-Hirschman. Estos coeficientes vienen dados por la expresión que aparece indicada al final de la nota de la tabla 7.6, donde E_{ij} y E_i representan, respectivamente, el empleo del sector i en la región j y el empleo del sector i en el conjunto nacional. Teniendo en cuenta que este coeficiente tiene un límite inferior igual a $1/\sqrt{N}$, donde N es el número de regiones, y un límite máximo igual a 1, sucede que los valores reseñados en la mencionada tabla 7.6 ponen de relieve varios hechos de importancia, entre los que los más destacados son los siguientes:

1. Entre 1983 y 1993 apenas ha habido modificación alguna en el grado de concentración geográfica (regional) del empleo, ya que el índice agregado sólo experimentó un aumento de 0,5 puntos porcentuales. Si esto sucedió en un período en el que el grado de integración española en la UE se vio notablemente incrementado, no parece lógico pensar que el establecimiento de la UME vaya a suponer un cambio radical al respecto ni, por tanto, que aumente la probabilidad de sufrir perturbaciones asimétricas.

2. Asimismo, destaca el hecho de que un buen número de sectores (once) vieron reducido su grado de concentración regional, lo que es indicativo de que no hay una tendencia generalizada hacia su aumento. Además, solamente en dos casos (los sectores 4 y 22) el aumento del coeficiente fue igual o superior a dos puntos porcentuales, por lo que puede sostenerse que, incluso a nivel sectorial, las variaciones del coeficiente han sido de escasa entidad.

3. Por último, el grado de concentración geográfica del empleo es muy similar en todos y cada uno de los sectores productivos, dando a entender con ello que, además de no verse alterada sustancialmente, todos ellos tienen aproximadamente la misma probabilidad de verse afectados por perturbaciones asimétricas.

7.2. Flexibilidad salarial

Aun cuando la conclusión obtenida en la sección precedente es que, a priori, no parecen existir razones fundadas para que la UME

TABLA 7.6

Sectores	1983	1985	1987	1989	1991	1993	Variación 1983-1993	Media
1	34,1	34,4	34,6	34,8	34,4	35,0	0,8	34,6
2	48,2	48,7	49,8	49,8	50,5	49,8	1,6	49,5
3	33,1	33,1	33,1	32,5	32,0	31,6	−1,5	32,5
4	40,9	41,5	41,0	42,0	42,5	42,9	2,0	41,8
5	33,8	33,9	34,1	35,1	34,0	33,8	0,0	34,1
6	44,6	44,5	44,4	43,5	44,5	44,5	0,0	44,3
7	38,7	38,4	38,2	38,5	38,3	36,8	−1,9	38,1
8	35,1	34,8	35,3	35,5	34,3	35,1	−0,1	35,0
9	31,0	30,9	31,2	31,0	30,7	31,0	0,1	31,0
10	44,2	44,1	44,2	44,5	44,2	43,7	−0,5	44,1
11	42,8	43,3	43,6	43,0	42,0	41,3	−1,5	42,7
12	33,6	33,7	34,0	33,6	33,3	32,2	−1,4	33,4
13	40,3	40,2	40,6	41,7	40,3	39,2	−1,1	40,4
14	31,3	30,6	30,5	31,3	31,5	31,1	−0,3	31,1
15	33,0	33,0	33,3	33,3	33,2	33,1	0,1	33,1
16	32,8	32,8	32,9	33,0	33,2	32,9	0,1	32,9
17	31,9	32,2	32,5	32,5	32,3	32,0	0,1	32,2
18	33,2	33,3	33,3	33,1	32,8	32,9	−0,3	33,1
19	37,1	36,9	36,9	37,4	36,9	36,7	−0,4	37,0
20	40,9	41,3	40,9	40,3	40,8	42,7	1,8	41,1
21	33,1	34,2	34,2	34,6	34,2	34,5	1,5	34,1
22	34,8	35,2	34,9	36,9	36,7	37,5	2,8	36,0
23	33,8	34,1	34,0	35,1	34,8	34,0	0,2	34,3
24	32,8	32,4	32,3	32,5	32,0	32,4	−0,3	32,4
Total	31,4	31,3	31,4	31,8	31,9	31,9	0,5	31,6
D. típica	4,87	4,95	5,03	4,95	5,13	5,12		

Nota: 1: Agricultura; 2: Pesca marítima; 3: Productos energéticos y agua; 4: Minerales y metales; 5: Minerales y productos no metálicos; 6: Productos químicos; 7: Productos metálicos y maquinaria; 8: Material de transporte; 9: Productos alimenticios, bebidas y tabaco; 10: Textil, cuero y calzado; 11: Papel, artículos de papel e impresión; 12: Madera, corcho y muebles; 13: Caucho, plásticos y otras manufacturas; 14: Construcción; 15: Recuperación y reparaciones; 16: Servicios comerciales; 17: Hostelería y restaurantes; 18: Transportes y comunicaciones; 19: Crédito y seguros; 20: Alquiler de inmuebles; 21: Enseñanza y sanidad privadas; 22: Otros servicios para la venta; 23: Servicio doméstico; 24: Servicios públicos.

El coeficiente de concentración de Gini-Hirschman viene dado por la expresión

$$C_j = \sqrt{\sum_i (E_{ij}/E_i)^2}$$

donde E representa el empleo, i el sector y j la región
Fuente: Elaboración propia en base a datos del BBV.

exacerbe la probabilidad de que las regiones españolas sufran perturbaciones asimétricas, sí que es cierto que, en determinadas circunstancias, éstas pueden producirse. Enfrentadas con esta posibilidad, la flexibilidad salarial y la movilidad laboral constituyen, tal y como se mencionó con anterioridad, los mecanismos de ajuste —alternativos a las variaciones del tipo de cambio nominal— más socorridos. ¿Cuál es, a este respecto, la situación de las regiones españolas?

Empezando el análisis por la flexibilidad salarial a nivel regional, la evidencia empírica disponible —confirmada por nuestras propias estimaciones— nos lleva a establecer la conclusión de que no se puede confiar en la misma en el caso de que sea necesaria. Por el contrario, lo que se pone de manifiesto de forma rotunda es que tal flexibilidad es bastante reducida como consecuencia, fundamentalmente, de que los incrementos salariales en España se negocian a nivel sectorial dentro de cada provincia (lo que, en principio, permitiría un cierto margen para la diferenciación salarial), pero siguiendo directrices que se marcan a nivel nacional. En definitiva, la dispersión regional en las tasas de variación de los salarios es muy reducida, aunque es preciso reconocer que la misma es algo mayor en lo que se refiere a los niveles salariales.

En nuestro caso, pretendemos analizar el grado, características y determinantes de la flexibilidad salarial de las regiones españolas, para lo que procedemos a estimar algunas ecuaciones de salarios, siguiendo sobre todo el enfoque planteado por Abraham y Van Rompuy (1995). Teniendo en cuenta que la base de datos TEMPUS (INE) ofrece información sobre la dinámica salarial a nivel regional para el período 1981-1992 —los salarios vienen aproximados por la relación «costes laborales/personas ocupadas»; tanto los salarios como el resto de variables utilizadas en las regresiones han sido deflactadas con el IPC y el IPRI (índice de precios industriales), resultando mejor los ajustes con el IPRI que con el IPC—, hemos estimado tres tipos de ecuaciones, cada una de ellas con unas características específicas, tratando de determinar el grado de respuesta de los salarios regionales ante perturbaciones de carácter regional (asimétricas) y agregado (simétricas).

La primera ecuación estimada considera que la tasa de variación de los salarios regionales ($\dot{\omega}_i$) viene determinada por la tasa de variación de tres variables —los salarios a nivel nacional ($\dot{\omega}$), la tasa de desempleo regional ($\dot{u}_i$) y la tasa de desempleo nacional ($\dot{u}$)—, de forma que la ecuación se puede expresar como se indica en la tabla 7.7, donde, una vez más, el subíndice i se refiere a la region en la muestra y donde ε representa el término de error. Esta ecuación presenta algunos problemas de carácter econométrico (multicolinealidad entre las tasas de desempleo nacional y regional, y simultaneidad entre el salario y el desempleo regional), por lo que, para intentar evitarlos, se ha ensayado otra ecuación en la que la variable representativa del ritmo de crecimiento de la tasa de desempleo regional ha sido sustituida por las tasas de variación de las productividades nacional ($\dot{\lambda}$) y regional ($\dot{\lambda}_i$). Esta ecuación, cuya especificación aparece en la tabla 7.8, presenta también algunos problemas econométricos (posible multicolinealidad entre la tasa de crecimiento del salario nacional y las tasas de variación de la productividad nacional y del paro nacional), por lo que, para su eliminación, aunque perdiendo potencia explicativa, especificamos una nueva ecuación de regresión que adopta la forma indicada en la tabla 7.9, y en la que el crecimiento de los salarios regionales depende únicamente de la evolución de la productividad, tanto regional como nacional.

Pues bien, estimando estas ecuaciones para cada una de las regiones españolas de forma individual se obtienen los resultados (véase tablas 7.7, 7.8 y 7.9) que se comentan a continuación:

1. En contra de lo esperado, los aumentos en la tasa de desempleo regional no ejercen una gran influencia sobre la evolución de los salarios regionales. Esto, que se aprecia en los valores del coeficiente β_2 en la tabla 7.7 (los valores son próximos a cero y no son estadísticamente significativos), constituye un indicador claro de la acusada rigidez salarial que existe en las regiones españolas.
2. Asimismo, se aprecia que las modificaciones en la tasa de desempleo nacional tampoco ejercen una influencia significativa en la evolución de los salarios regionales (véanse los coeficientes β_3 en la tabla 7.7 y β_4 en la tabla 7.8).
3. Por el contrario, la evolución de los salarios nacionales (véanse los coeficientes β_1 en las tabla 7.7 y 7.8) es de gran relevancia para explicar el comportamiento de los salarios regionales, lo que constituye una prueba evidente de que la tasa de variación de los mencionados salarios regionales se encuentra fuertemente indexada con la tasa de variación de los salarios nacionales y, por tanto, de falta de flexibilidad salarial a escala regional.

TABLA 7.7

Flexibilidad salarial (1) $\dot{\omega}_i = \alpha + \beta_1\dot{\omega} + \beta_2\dot{u}_i + \beta_3\dot{u} + \varepsilon_i$						
CC.AA.	α	β_1	β_2	β_3	R^2	D-W
Andalucía	-0,242	1,14*	-0,009	0,009	0,9841	3,08
	(0,242)	(0,051)	(0,02)	(0,037)		
Aragón	0,291	0,917*	0,06*	-0,12*	0,984	2,97
	(0,192)	(0,04)	(0,03)	(0,06)		
Asturias	-0,027	0,938*	-0,32	0,07	0,953	2,407
	(0,347)	(0,82)	(0,063)	(0,056)		
Baleares	-0,23	1,15*	0,009	-0,14*	0,972	1,54
	(0,33)	(0,07)	(0,02)	(0,06)		
Canarias	0,165	0,97*	-0,07*	-0,04	0,992	2,19
	(0,15)	(0,03)	(0,01)	(0,024)		
Cantabria	-0,079	1,06*	-0,041	0,007	0,896	2,48
	(0,614)	(0,21)	(0,17)	(0,098)		
Castilla-La Mancha	-0,08	1,12*	-0,14	0,24	0,966	1,43
	(0,35)	(0,08)	(0,11)	(0,13)		
Castilla y León	0,0311	0,89*	0,265	-0,13	0,934	2,305
	(0,41)	(0,09)	(0,18)	(0,19)		
Cataluña	-0,13	1,04*	-0,07	0,06	0,991	1,52
	(0,17)	(0,03)	(0,07)	(0,89)		
C. Valenciana	0,14	0,9*	-0,02	0,64	0,989	1,13
	(0,15)	(0,03)	(0,07)	(0,1)		
Extremadura	0,49	0,94*	-0,24	0,08	0,7	2,82
	(1,05)	(0,22)	(0,26)	(0,17)		
Galicia	-0,25	0,99*	0,09*	-0,11	0,983	3,052
	(0,22)	(0,05)	(0,03)	(0,06)		
Madrid	0,1	0,94*	-0,02	-0,01	0,997	2,414
	(0,08)	(0,22)	(0,01)	(0,02)		
Murcia	-0,2	1,08*	-0,12	0,12	0,556	3,155
	(1,64)	(0,34)	(0,15)	(0,3)		
Navarra	-0,006	0,9*	-0,03	0,09*	0,985	2,55
	(0,18)	(0,04)	(0,038)	(0,04)		
País Vasco	-0,02	0,98*	-0,01	-0,01	0,991	1,81
	(0,15)	(0,03)	(0,04)	(0,04)		
Rioja (La)	-0,39	1,21*	0,09	-0,21	0,906	2,833
	(0,65)	(0,14)	(0,11)	(0,21)		

Nota: Debajo de cada coeficiente figura, entre paréntesis, el error estándar.
Fuente: Elaboración propia en base a datos del INE.

TABLA 7.8

Flexibilidad salarial (2) $\dot{\omega}_i = \alpha + \beta_1\dot{\omega} + \beta_2\dot{\lambda}_i + \beta_3\dot{\lambda} + \beta_4\dot{u} + \varepsilon_i$							
CC.AA.	α	β_1	β_2	β_3	β_4	R^2	$D\text{-}W$
Andalucía	−0,43*	1,1*	0,04	0,08	0,011	0,990	2,54
	(0,22)	(0,1)	(0,11)	(0,16)	(0,04)		
Aragón	0,077	0,9*	−0,2	0,32	−0,01	0,991	3,28
	(0,16)	(0,11)	(0,27)	(0,22)	(0,024)		
Asturias	0,27	1,09*	0,02	−0,3*	0,03	0,993	2,02
	(0,19)	(0,04)	(0,05)	(0,048)	(0,021)		
Baleares	−0,35	1,068*	−0,022	0,16	−0,14*	0,97	1,16
	(0,35)	(0,1)	(0,099)	(0,19)	(0,055)		
Canarias	−0,11	0,87*	−0,01	0,21*	−0,05	0,99	2,11
	(0,202)	(0,07)	(0,04)	(0,07)	(0,03)		
Cantabria	−0,45*	0,76*	0,19*	0,21	0,091*	0,995	1,85
	(0,15)	(0,03)	(0,08)	(0,13)	(0,022)		
Castilla-La Mancha	−0,15	1,17*	0,16*	−0,15	0,04	0,99	1,95
	(0,2)	(0,12)	(0,07)	(0,19)	(0,03)		
Castilla y León	0,48*	1,05*	−0,12	−0,16	0,08*	0,985	1,8
	(0,24)	(0,069)	(0,1)	(0,14)	(0,03)		
Cataluña	0,03	0,99*	0,46*	−0,48*	−0,06*	0,997	1,68
	(0,095)	(0,034)	(0,12)	(0,11)	(0,01)		
C. Valenciana	0,03	0,84*	0,44	−0,33*	0,003	0,993	1,08
	(0,18)	(0,06)	(0,27)	(0,17)	(0,02)		
Extremadura	−0,83*	1,02*	0,4	−0,03	0,07	0,972	2,15
	(0,37)	(0,27)	(0,17)	(0,44)	(0,05)		
Galicia	−0,06	1,24*	0,22	−0,46*	−0,02	0,991	2,803
	(0,19)	(0,09)	(0,2)	(0,22)	(0,03)		
Madrid	0,16	0,94*	0,4	−0,7	−0,03	0,997	2,47
	(0,1)	(0,04)	(0,3)	(0,04)	(0,02)		
Murcia	−0,9	−0,19	−0,71	1,9*	0,37	0,791	3,33
	(1,3)	(0,52)	(0,39)	(0,66)	(0,25)		
Navarra	0,25	0,81*	0,15*	−0,17*	0,11*	0,993	2,77
	(0,15)	(0,07)	(0,06)	(0,05)	(0,03)		
País Vasco	0,21	1,001*	−0,31	0,18	−0,09*	0,995	1,701
	(0,16)	(0,03)	(0,21)	(0,17)	(0,04)		
Rioja (La)	−0,91*	0,86*	−1,5E-6	0,58*	0,059	0,989	2,26
	(0,24)	(0,06)	(1,9E-6)	(0,07)	(0,07)		

Nota y fuente: Ídem tabla 7.7.

TABLA 7.9

Flexibilidad salarial (3) $\dot{\omega}_i = \alpha + \beta_1 \dot{\lambda}_i + \beta_2 \dot{\lambda} + \varepsilon_i$					
CC.AA.	α	β_1	β_2	R^2	D-W
Andalucía	0,84	–0,78*	1,43*	0,777	1,09
	(0,84)	(0,22)	(0,25)		
Aragón	0,55	1,82*	–1,2*	0,908	1,02
	(0,44)	(0,29)	(0,33)		
Asturias	3,01*	–0,67*	0,41	0,490	1,29
	(1,18)	(0,3)	(0,26)		
Baleares	0,69	–0,34	1,46	0,554	2,40
	(1,25)	(0,32)	(0,54)		
Canarias	1,05	–0,37*	0,89*	0,778	1,24
	(0,75)	(0,12)	(0,18)		
Cantabria	–0,01	–0,40	1,63*	0,721	2,47
	(1,03)	(0,47)	(0,73)		
Castilla-La Mancha	0,33	–0,38*	1,38*	0,766	0,98
	(0,85)	(0,12)	(0,25)		
Castilla y León	2,88*	0,79*	–0,99	0,391	0,95
	(1,12)	(0,41)	(0,76)		
Cataluña	0,63	2,47*	–1,71*	0,672	2,22
	(0,97)	(0,85)	(0,47)		
C. Valenciana	–0,89	3,21*	1,74*	0,840	2,39
	(0,72)	(0,61)	(0,47)		
Extremadura	–0,16	–0,20*	1,49*	0,889	0,88
	(0,61)	(0,10)	(0,20)		
Galicia	1,37	–1,82*	2,03*	0,703	2,04
	(0,89)	(0,50)	(0,44)		
Madrid	1,54*	0,52*	–0,20	0,745	0,728
	(0,77)	(0,15)	(0,32)		
Murcia	–0,62	–0,43	1,52*	0,716	2,91
	(1,22)	(0,23)	(0,32)		
Navarra	1,46	0,56*	–0,16	0,691	0,83
	(0,80)	(0,17)	(0,31)		
País Vasco	1,42	–0,53	1,12	0,397	2,20
	(1,20)	(0,88)	(0,77)		
Rioja (La)	0,16	3,1E-6	1,16*	0,730	2,40
	(0,99)	(3,9E-6)	(0,24)		

Nota y fuente: Ídem tabla 7.7.

4. Por último, y también en contra de lo postulado por la teoría, la tasa de crecimiento de los salarios regionales tampoco responde de forma clara a las variaciones regionales de la productividad (coeficientes β_2 en la tabla 7.8 y β_1 en la tabla 7.9); en consecuencia, una disminución de ésta no conllevará la moderación salarial necesaria para hacer frente al aumento del desempleo regional. Este mismo resultado se produce, básicamente, en relación con la tasa de crecimiento de la productividad nacional (β_3 en la tabla 7.8 y β_2 en la tabla 7.9).

Por otro lado, estimando las ecuaciones anteriores de forma conjunta para todas las regiones, introduciendo las variables *dummies* correspondientes representativas de los factores específicos de cada una de las comunidades (que se supone no han variado en el período muestral) y tomando como región base a Madrid, hemos obtenido los resultados mostrados en la tabla 7.10, de la que se extraen las siguientes conclusiones:

1. El ritmo de crecimiento de la tasa de desempleo regional, de la tasa de paro nacional y de la productividad regional ejercen una influencia muy escasa sobre la evolución de los salarios regionales, por lo que existen serias dudas acerca de la capacidad que puede tener una región cualquiera para ajustarse ante shocks específicos que puedan ocurrir en la misma.
2. Por el contrario, la tasa de variación del salario nacional resulta tener una gran incidencia —y ser estadísticamente significativa— sobre la evolución de los salarios regionales.
3. Por último, la dinámica de la productividad nacional sí ejerce una influencia notable sobre la trayectoria de los salarios regionales, lo que sucede, fundamentalmente, a través de su incidencia sobre los salarios nacionales. Este último resultado se aprecia de forma sencilla en la tabla 7.9, ya que, al excluir la tasa de variación de los salarios nacionales de la regresión, el coeficiente asignado a la tasa de variación de la productividad nacional aumenta de forma notoria.

En definitiva, pues, lo que se deduce de nuestro análisis —a través de cualquiera de los dos procedimientos de estimación utilizados— es que la flexibilidad salarial en las regiones españolas es muy reducida, hecho que se muestra, sobre todo, en la escasa sensibilidad que

TABLA 7.10

Flexibilidad salarial						
Variable dependiente: $\dot{\omega}_i$	**Ecuación 1**		**Ecuación 2**		**Ecuación 3**	
Variables explicativas:	**Coef.**	**Estad.** t	**Coef.**	**Estad.** t	**Coef.**	**Estad.** t
Constante	–0,117	–0,319	–0,290	–0,803	1,060	1,355
$\dot{\omega}$	1,002	36,51	0,919	26,29	—	—
$\dot{u}_i$	–0,027	–1,672	—	—	—	—
$\dot{u}$	0,025	1,009	0,014	0,730	—	—
$\dot{\lambda}_i$	—	—	0,026	0,948	–0,042	–0,706
$\dot{\lambda}$	—	—	0,131	2,653	0,872	10,10
Cte. Andalucía	0,370	0,742	0,384	0,786	0,172	0,161
Cte. Aragón	0,060	0,120	0,042	0,087	–0,043	–0,040
Cte. Asturias	–0,127	–0,255	–0,121	–0,248	–0,352	–0,328
Cte. Baleares	0,355	0,715	0,339	0,704	0,285	0,271
Cte. Canarias	0,173	0,348	0,234	0,471	–0,071	–0,066
Cte. Cantabria	0,205	0,410	0,132	0,273	0,026	0,025
Cte. Cataluña	0,153	0,308	0,157	0,326	–0,302	–0,286
Cte. Castilla-La Mancha	0,431	0,865	0,437	0,893	0,051	0,048
Cte. Castilla y León	–0,215	–0,432	–0,257	–0,533	0,226	0,211
Cte. C. Valenciana	–0,063	–0,128	–0,092	–0,191	–0,222	–0,210
Cte. Extremadura	0,368	0,738	0,364	0,750	0,215	0,202
Cte. Galicia	0,048	0,096	0,010	0,021	–0,169	–0,159
Cte. Murcia	0,114	0,228	0,129	0,263	–0,128	–0,118
Cte. Navarra	–0,188	–0,378	–0,174	–0,362	–0,224	–0,213
Cte. País Vasco	0,026	0,052	0,020	0,042	–0,133	–0,125
Cte. Rioja (La)	0,409	0,822	0,406	0,839	0,270	0,254
Coef. determinación	0,879		0,887		0,457	
Durbin-Watson	2,56		2,50		2,36	
Núm. observaciones	204		204		204	

Nota: La especificación de las ecuaciones 1, 2 y 3 se corresponde, respectivamente, con las que se indican en las tablas 7.7, 7.8 y 7.9.

Fuente: Ídem tabla 7.7.

los salarios regionales tienen ante variaciones en las tasas de desempleo (tanto regionales como nacional), en la fuerte correlación que existe entre la evolución de los salarios regionales y la del salario nacional y en la pequeña influencia que las variaciones de la productividad (regional, sobre todo) tiene sobre los salarios regionales. En todo caso, y siempre dentro de esta línea de escasa flexibilidad, parece que las regiones mejor situadas (más flexibles) son Cataluña, Comunidad Valenciana y Aragón, mientras que las que están peor situadas (menos flexibles) son Andalucía, La Rioja y País Vasco.

7.3. Movilidad laboral

Tal y como se apuntó con anterioridad, un instrumento de ajuste —alternativo a las variaciones cambiarias y a la flexibilidad salarial— al que pueden acudir las regiones españolas, en caso de verse afectadas por shocks específicos, es el que se manifiesta en forma de movilidad laboral de unas regiones a otras, esto es, en forma de movimientos migratorios netos[7]; así pues, la verdadera importancia de estos flujos migratorios radica en la potencialidad que tienen para actuar como elemento amortiguador de los costes de ajuste (y como elemento dinamizador del proceso correspondiente) ante perturbaciones que afecten negativamente a unas regiones pero no a otras.

¿Cuál es, al respecto, la situación de nuestro país? Si bien es cierto que, en un período determinado, las migraciones interiores en España (así como las exteriores) fueron de gran intensidad, contribuyendo con ello a reducir de forma sensible la tasa de desempleo, los años setenta y, sobre todo, los ochenta han visto cómo los flujos migratorios, pese a ser relativamente importantes en términos absolutos, se reducían considerablemente en términos netos, de manera tal que, en la mayoría de las regiones, las tasas netas de migración alcanzan en la actualidad valores muy próximos a cero. Este comportamiento, que se ilustra en los tres gráficos de la figura 7.1 y, para cada una de las comunidades autónomas, en la figura 7.2, permite contrastar con nitidez lo sucedido en tres períodos singulares: en el primer gráfico de la figura 7.1, relativo al período 1962-1973, se aprecia que las observaciones se alejan notablemente de la línea diagonal, lo que indica que hay, de forma simultánea, una fuerte concentración y polarización regional de los flujos de entrada (en Cataluña, Madrid, Comunidad Valenciana y País Vasco) y de salida (en Andalucía, Castilla-La Mancha, Castilla

---

[7] La movilidad funcional puede ayudar en este sentido, pero no puede sustituir a la movilidad espacial propiamente dicha.

Migraciones interregionales

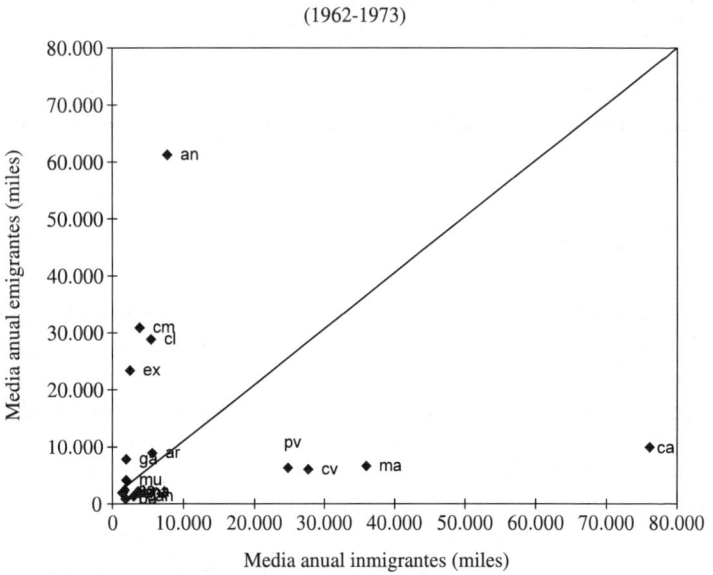

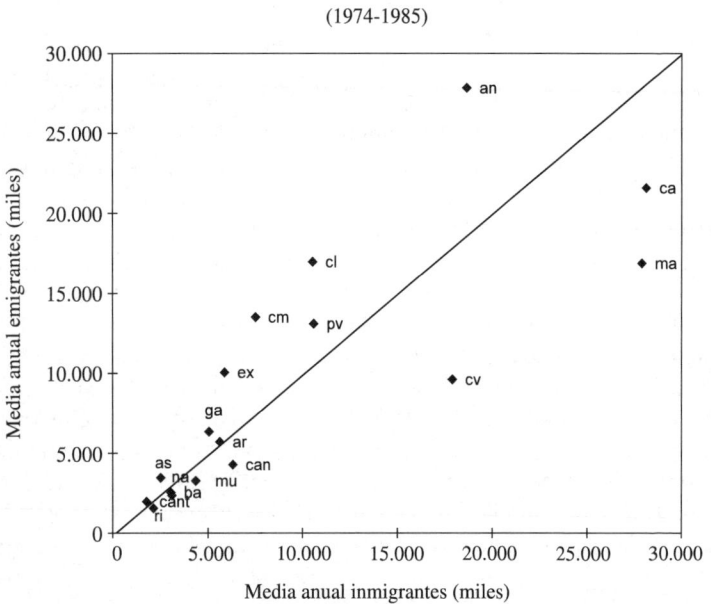

(1962-1973)

(1974-1985)

Figura 7.1

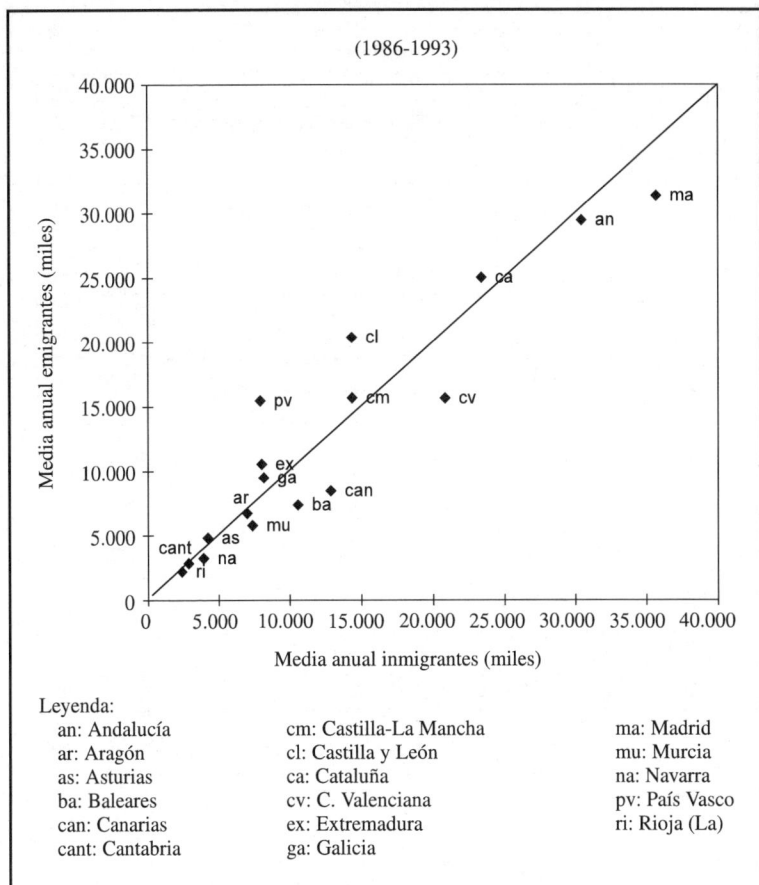

Figura 7.1 *(continuación).*

y León y Extremadura), fenómeno que contribuyó a la relativa igualación de las tasas de desempleo regionales; en el segundo período (1974-
1985) se ve que la polarización de los flujos se reduce, acercándose
más las observaciones a la diagonal; por último, en el período 1986-
1993 se observa que los saldos migratorios están más cercanos al equilibrio y se encuentran mejor distribuidos por comunidades autónomas,
es decir, se aprecia que las observaciones se encuentran bastante más
próximas a la diagonal principal que en las dos etapas anteriores.

Tasas migratorias interregionales

Andalucía

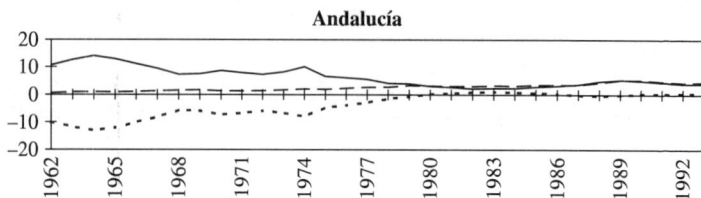

Aragón

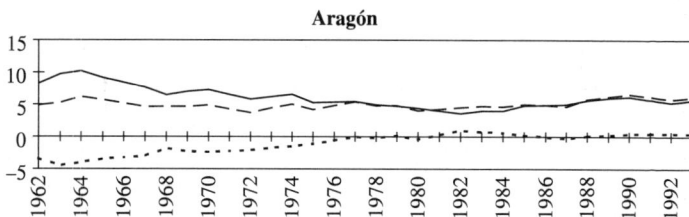

Asturias

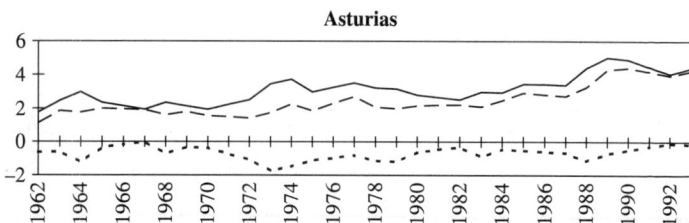

Baleares

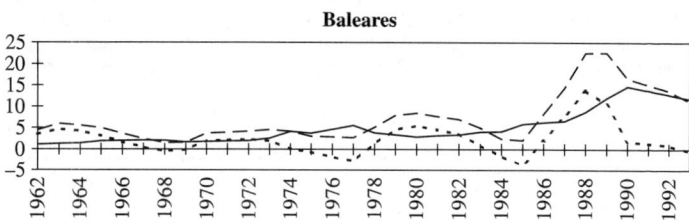

Canarias

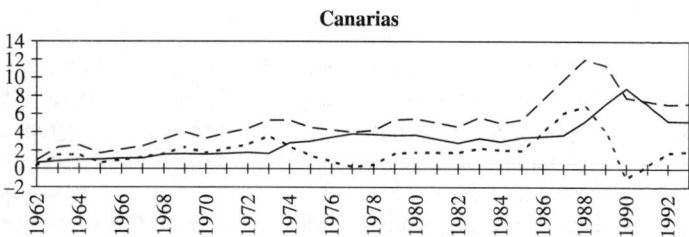

Figura 7.2

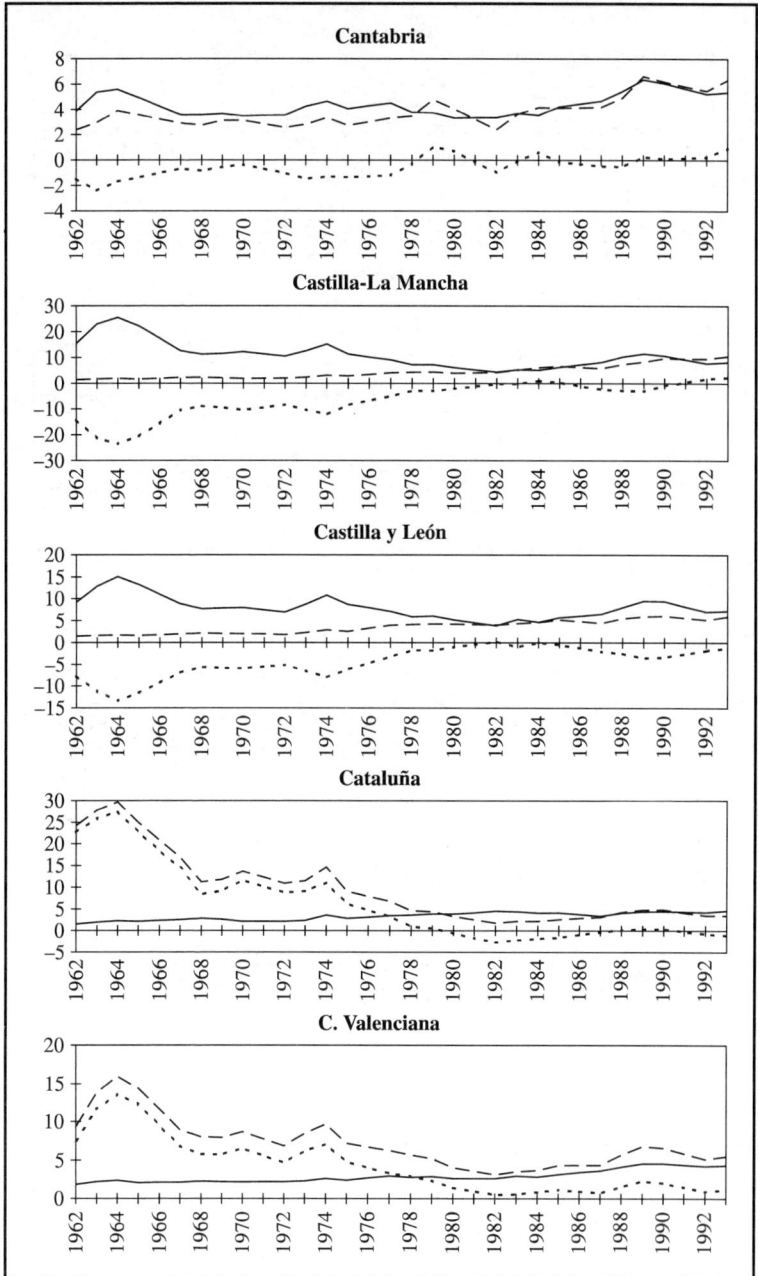

Figura 7.2 *(continuación)*.

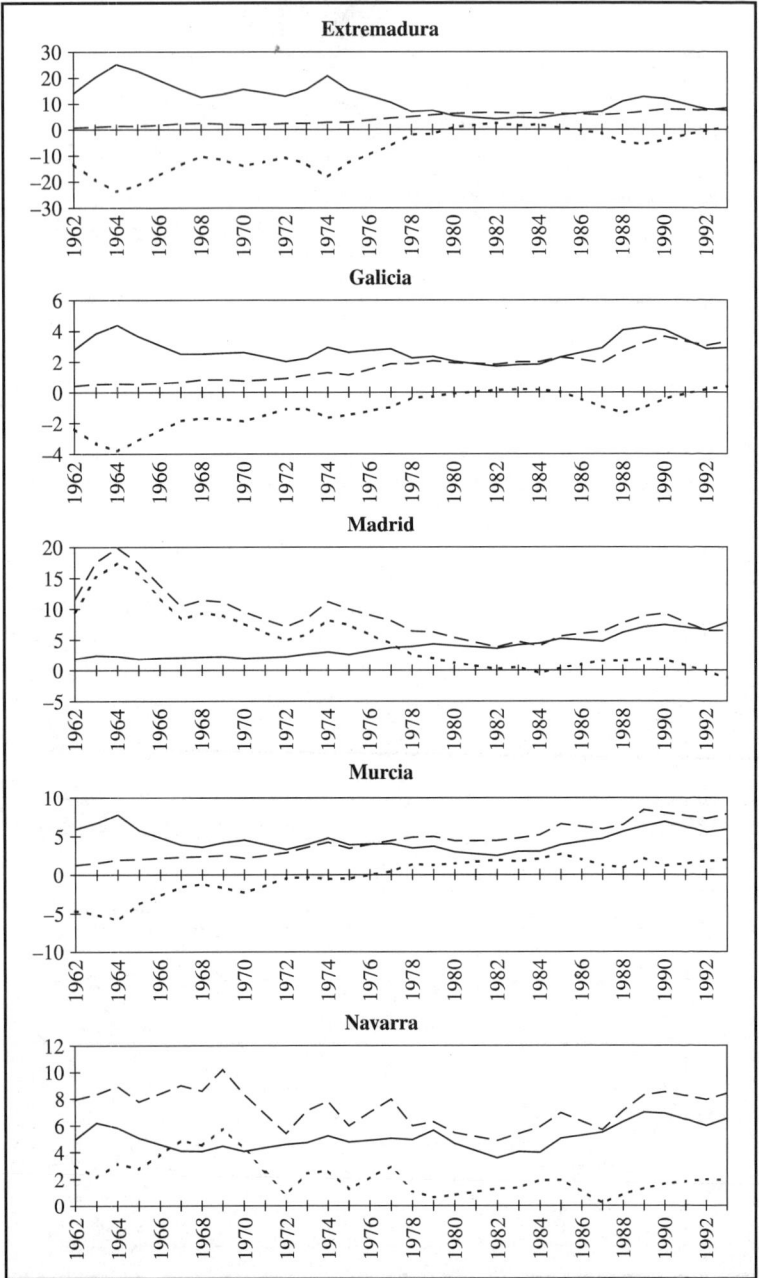

Figura 7.2 *(continuación)*.

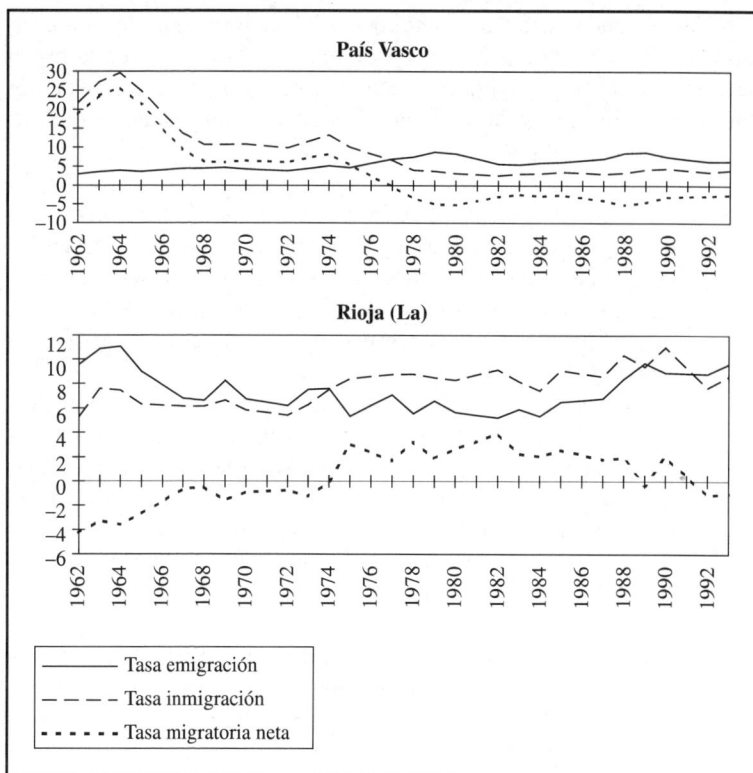

Figura 7.2 *(continuación).*

Naturalmente, el comportamiento registrado en el último período no sólo no ha contribuido en absoluto a la igualación regional de las tasas de desempleo, sino que, de persistir en el futuro, no permitirá considerar que los flujos migratorios puedan actuar como mecanismo de ajuste de los mercados de trabajo regionales, haciendo que cada región deba asumir la carga del ajuste correspondiente. Sobre este particular, sin embargo, las expectativas no parecen muy halagüeñas, ya que los factores que, teóricamente al menos, promueven la movilidad laboral de unas regiones a otras han perdido vigencia en los últimos tiempos. En efecto, si consideramos que las personas emigran de una región a otra (o de un país a otro) para mejorar sus condiciones económicas, se puede decir que algunos de los factores que tienden a determinar éstas (tasa de paro y nivel de salarios, o de renta, en la región de origen) se han aproximado bastante entre comunidades, al tiempo que han surgido otros factores que dificultan tal movilidad y que tienen un peso específico importante:

1. Tal y como se puso de relieve con anterioridad, las disparidades regionales en las tasas de desempleo —pese a que los niveles han aumentado sistemáticamente en todos los casos— han disminuido de forma apreciable a lo largo del tiempo, lo que contribuye a desincentivar los movimientos laborales de unas regiones a otras.

2. Si consideramos la renta per cápita como un buen indicador del nivel de vida de una comunidad, hay que recordar que exactamente el mismo tipo de proceso señalado en el punto anterior ha tenido lugar en relación con esta magnitud, lo que también ha desincentivado los movimientos migratorios; este fenómeno se produce también si en lugar de la renta per cápita se toma como indicador relevante el nivel salarial por regiones.

3. Un tercer factor que ha contribuido a reducir la intensidad de los movimientos migratorios netos es, sin lugar a dudas, el elevado nivel que alcanza la tasa de paro nacional, ya que reduce drásticamente los beneficios potenciales de la migración al rebajar la probabilidad de encontrar empleo en la región de destino, cualesquiera que sea ésta.

4. Por último, hay otros factores (cambios en la estructura productiva, mal funcionamiento del mercado de la vivienda, prestaciones sociales a cargo del llamado «estado del bienestar», características singulares de cada región, etc.) que en los últimos años han alcanzado una importancia tal que, en el mejor de los casos, no están contribuyendo a incentivar los movimientos migratorios y, en el peor, están actuando como desincentivadores de éstos. Un dato relevante en este sentido es que, en cierta medida, se ha producido un cambio en la pauta de los flujos migratorios, sucediendo que hay una cantidad creciente de personas que emigran de las regiones más desarrolladas a las menos desarrolladas, lo que indica que no son sólo, ni principalmente, los factores económicos los que determinan la dirección de los flujos migratorios.

Tratando de ser un poco más sistemáticos a la hora de conocer los determinantes de los movimientos migratorios interregionales en España, hemos ensayado la estimación de varios modelos econométricos, ocurriendo que el que ofrece unos resultados más prometedores es el que se refleja en la ecuación indicada en la tabla 7.11, ecuación en la que la variable dependiente es la tasa migratoria neta de la región i en el año t, y las variables independientes son la misma tasa migratoria el año anterior ($t - 1$), la variación de los salarios en el año anterior, las tasas de desempleo regional y nacional, el precio de la vivienda en la región y en la nación y las variables ficticias (o *dummies*) regionales con las que pretendemos recoger aspectos propios de cada comunidad, como sus condiciones climáticas, que parecen tener una especial importancia en los últimos años.

De la estimación de esta ecuación, cuyos resultados se ofrecen en la tabla 7.11, se deducen las conclusiones siguientes:

1. Que la tasa migratoria neta responde esencialmente a las diferencias en las tasas relativas de paro.
2. Que en menor medida, y con un estadístico t no significativo, responde también a los salarios.
3. Que la mencionada tasa no se ve influida por el precio relativo de la vivienda en cada región.
4. Que los parámetros propios de cada región (que han de interpretarse como diferencias en las tasas migratorias con relación a la Comunidad de Madrid) no son significativos, aunque podría sostenerse que Canarias es, *ceteris paribus*, la comunidad que tiene una tasa inmigratoria más elevada, seguida a cierta distancia por Andalucía y de un buen número de comunidades mediterráneas; en sentido opuesto, la región que, *ceteris paribus*, registra una tasa de emigración más elevada es el País Vasco, seguida de cerca, a su vez, por Castilla y León y, algo más alejada, Galicia.

7.4. Federalismo fiscal

El establecimiento de una unión monetaria, con la consiguiente pérdida por parte de los países miembros tanto del tipo de cambio nominal como de la política monetaria como instrumentos de ajuste, hace que la política fiscal gane, a priori, protagonismo como instrumen-

TABLA 7.11

Movilidad laboral (movimientos migratorios)		
$$m_{it} = \alpha + \beta_1 m_{it-1} + \beta_2 \Delta\omega_{it-1} + \beta_3 \Delta\left(\frac{u_i}{u}\right)_t + \beta_4\left(\frac{u_i}{u}\right)_{t-1} + \beta_5\left(\frac{Pv_i}{Pv}\right)_t$$		
Variable dependiente: m_{it}		
Variables explicativas:	**Coeficiente**	**Estadístico** t
Constante	0,86	0,31
m_{it-1}	0,66	11,16
$\Delta\omega_{it-1}$	2,38	0,91
$\Delta(u_i/u)_t$	−2,77	−2,38
$(u_i/u)_{t-1}$	−1,32	−1,3
$(Pv_i/Pv)_t$	0,14	0,06
Cte. Andalucía	0,85	1,08
Cte. Aragón	−0,17	−0,32
Cte. Asturias	−0,17	−0,31
Cte. Baleares	0,46	0,82
Cte. Canarias	1,26	1,78
Cte. Cantabria	0,01	0,02
Cte. Castilla-La Mancha	−0,19	−0,35
Cte. Castilla y León	−0,69	−1,26
Cte. Cataluña	−0,23	−0,43
Cte. C. Valenciana	0,44	0,84
Cte. Extremadura	0,10	0,15
Cte. Galicia	−0,35	−0,59
Cte. Murcia	0,67	1,26
Cte. Navarra	0,26	0,49
Cte. País Vasco	−0,79	−1,33
Cte. Rioja (La)	−0,12	−0,21
Coeficiente de determinación	0,68	
Durbin-Watson	1,42	
Número observaciones	204	

Fuente: Elaboración propia a partir de datos suministrados por Begoña García y procedentes del INE.

to de estabilización macroeconómica. Ésta es, en esencia, la razón por la que la mayoría de los expertos, siguiendo el argumento original de Kenen (1969), sostienen que la viabilidad de una unión monetaria depende críticamente de la existencia de un presupuesto centralizado que tenga la suficiente entidad como para poder absorber una buena parte de los efectos perversos provocados por la aparición de shocks transitorios de carácter asimétrico.

La existencia de un presupuesto federal de este tipo debe responder, de acuerdo con Eichengreen (1993), al cumplimiento de tres funciones básicas: una de carácter igualatorio (o de reducción de disparidades a largo plazo), otra de carácter estabilizador (o anticíclica) y otra de carácter asegurador (que distribuya la renta de las regiones que sufren una perturbación favorable hacia las que sufren una perturbación desfavorable, con independencia de cual sea su nivel relativo de renta). Es precisamente esta última función a la que hace referencia Kenen (1969), y a la que se refieren también la mayoría de los estudiosos, al examinar la conveniencia de disponer de una política fiscal centralizada en el seno de una unión monetaria.

Y ¿qué es lo que nos enseña la evidencia empírica sobre este particular? Pues, como ocurre a menudo, la evidencia empírica no es decisiva por dos motivos: en primer lugar, porque sólo contamos con información solvente sobre la unión monetaria que constituyen los Estados Unidos, lo que impide efectuar una traslación directa al caso europeo; y, en segundo lugar, porque, aunque esta traslación fuera posible, las estimaciones realizadas para el caso norteamericano no son concluyentes en absoluto, pues mientras que algunos estudios (como los de Sala-i-Martín y Sachs, 1992, y Bayoumi y Masson, 1994) otorgan un papel muy importante a la política fiscal centralizada, apuntando que la misma puede acomodar hasta un 30-40 por 100 de la caída de la renta provocada por una perturbación asimétrica transitoria, otros enfoques (como el de Von Hagen, 1992) otorgan a esta política un papel asegurador mucho más limitado (en torno al 10 por 100).

Pero, sea cual sea la conclusión que obtengamos acerca del papel que el presupuesto federal norteamericano ha desempeñado en relación con la unión monetaria estadounidense, un hecho indiscutible es que el mismo tiene una importancia (en relación al PIB) muy superior al de la Unión Europea. En concreto, en el caso de la UME el grado de centralización del presupuesto comunitario es tan bajo que, según señalan Sala-i-Martín y Sachs (1992), *si una región o país europeo sufriera un shock adverso de un dólar, su contribución impositiva a la*

Comunidad Europea se reduciría en medio centavo. Naturalmente, si comparamos esta cifra con los 30-40 centavos del caso norteamericano, se pone de manifiesto con toda su crudeza que lo mermado de este presupuesto federal hace que el mismo sea prácticamente inoperante como mecanismo asegurador.

Siendo esto así, es evidente que la cuestión verdaderamente relevante es el margen de actuación que la política fiscal española tiene en el seno de la UME. Pues bien, aunque es prematuro ofrecer una respuesta sobre el particular, todo parece indicar que, pese a *la mayor potencia de los impulsos fiscales dentro de la UME* (Alberola, 1998), las restricciones introducidas por el Pacto de Estabilidad (limitando el déficit público de los países miembros al 3 por 100 de su PIB), la propia dimensión del déficit estructural de nuestro país y las modificaciones introducidas en el sistema de financiación de las comunidades autónomas actuarán recortando la función aseguradora de la política fiscal española. En consecuencia, hemos de concluir que, en el caso hipotético de que se produzcan perturbaciones asimétricas transitorias, las comunidades autónomas que se vean negativamente afectadas por las mismas no podrán confiar en el efecto amortiguador de la política fiscal europea (porque, en el mejor de los casos, será muy reducido), al tiempo que cada vez podrán hacerlo en menor medida en el de la política fiscal nacional.

EPÍLOGO

Convergencia regional española y Unión Monetaria Europea: conclusiones provisionales

Sin ofrecer respuesta a todas y cada una de las preguntas que inicialmente nos habíamos planteado, el análisis realizado en las páginas anteriores parece prometedor, pues, por un lado, nos ha permitido poner de manifiesto algunos resultados bastante contundentes y, por otro, nos ha abierto caminos en los que poder seguir investigando sobre las —pese a todo— numerosas cuestiones todavía pendientes.

Diferenciando entre las dos partes en que hemos dividido este trabajo, es preciso reconocer que las conclusiones más sólidamente asentadas son las que están relacionadas con la situación pasada y presente de las disparidades espaciales en España, situación que ha sido abordada en la primera parte. En este sentido, estimamos que tales conclusiones se pueden sintetizar en los siguientes términos:

1. En contra de lo que se pudiera pensar, las disparidades regionales en España no son algo propio de los tiempos modernos, sino que empiezan a gestarse, prácticamente, desde el mismo momento en que el país se constituye como Estado.

2. Las actuales disparidades regionales en España, tanto en materia de PIB por habitante como de tasas de desempleo, son importantes, aunque mucho más acusadas en la vertiente del paro que en la de la renta. En todo caso, y en relación con los países comunitarios más próximos a nosotros en extensión superficial y población, las disparidades de renta por persona no parecen ser especialmente pronunciadas; por el contrario, estas disparidades se sitúan en sus cotas más altas al referirse al desempleo.

3. Observando lo sucedido en un horizonte temporal amplio se aprecia que, en la actualidad, las desigualdades interregionales son mucho menos intensas que hace cuatro décadas; así pues, un rasgo significativo de la evolución económica española durante este lapso de tiempo es que a lo largo del mismo se re-

gistró un proceso de convergencia regional nada desdeñable, acompañado, además, de un cierto grado de movilidad en la posición ocupada por cada una de las regiones. Sin embargo, y examinado todo el período con algo más de atención, se aprecia con absoluta nitidez que la mencionada convergencia regional es un fenómeno que se produjo sólo hasta finales de los años setenta-principios de los ochenta; a partir de entonces, las desigualdades interregionales apenas han sufrido modificación alguna, cristalizando también, en buena medida, la situación relativa de cada una de las comunidades autónomas. En definitiva, desde principios de los años ochenta no sólo no se ha logrado avanzar en el proceso de convergencia espacial, sino que, además, la movilidad en el *ranking* regional se ha estancado de forma ostensible.

4. Cuando el marco de referencia de nuestro análisis deja de ser el español y pasa a ser el europeo, las conclusiones se modifican de forma apreciable. En concreto, y como consecuencia de la convergencia real de España hacia la media europea, en la última década (desde 1985) la totalidad de las regiones españolas vieron mejorada su situación relativa en la UE; esto es, aunque internamente el proceso de convergencia permaneció estancado, éste siguió avanzando de forma bastante intensa en relación con la UE. En una perspectiva temporal más dilatada, este resultado no se manifiesta, sin embargo, con tanta nitidez.

5. Lo sucedido a lo largo de los últimos cuarenta años en el panorama de las desigualdades regionales españolas es, con toda certeza, demasiado complejo como para admitir explicaciones simplistas. No obstante, es preciso subrayar la existencia de algunos factores que, en mayor o menor medida, ayudan a comprender la evolución de las disparidades regionales; como mínimo, entre éstos cabe citar a los siguientes: la desigual evolución demográfica (auspiciada sobre todo por los movimientos migratorios) entre regiones ricas y regiones pobres; las disparidades en materia de productividad (en las dos, o tres, primeras décadas) y las disparidades en las tasas de ocupación y actividad en la última década; y la desigualdad en las estructuras productivas (cada vez más mermada) y las diferencias en el dinamismo regional. Otra forma de examinar esta misma cuestión (complementaria de la anterior) estriba en con-

siderar que la convergencia regional que se produjo hasta comienzos de los ochenta hunde sus raíces —entre otros factores— en la reducción de disparidades regionales en materias tales como las dotaciones de capital humano y capital público, así como en los procesos de difusión tecnológica; el posterior estancamiento del proceso de convergencia estaría relacionado, al menos en parte, con el agotamiento en las posibilidades de imitación tecnológica y con la relativa homogeneización (en términos comparativos) en las dotaciones regionales de capital público y capital humano.

Si en relación con el pasado y el presente hemos obtenido resultados que nos ayudan a comprender lo sucedido, es obvio que al hablar del futuro nos movemos en un entorno mucho más resbaladizo, probablemente porque el futuro es, por su propia naturaleza, inescrutable. Esto no significa, sin embargo, que no podamos anticipar (en el sentido de conocer con antelación), en cierta medida, qué es lo que nos puede deparar este futuro, al menos si lo planteamos no sólo como extrapolación del presente, sino también como un ejercicio de imaginación razonada y razonable.

Tratando de avanzar en este terreno, en la segunda parte del estudio hemos examinado qué es lo que razonablemente podemos esperar que suceda con las disparidades regionales en España como consecuencia de nuestra integración en la futura UME y, con todas las precauciones y cautelas posibles, se han obtenido algunos resultados que, desde nuestro punto de vista, tienen cierto interés.

Así, y en relación con las ganancias potenciales provenientes de la participación en la UME concluimos que —en función de su grado de apertura comercial a la UE y de su grado de competitividad— no todas las regiones se verán igualmente beneficiadas; es más, consideramos que las regiones potencialmente más beneficiadas serán, en general, las más desarrolladas, por lo que es previsible que la UME redunde, por esta vía, en un aumento de las disparidades regionales en España.

Por otro lado, y en relación con los costes, el análisis efectuado nos ha conducido a obtener una conclusión relativamente ambigua, pues, al igual que la futura moneda única europea (el euro), el análisis presenta una cara y una cruz. La cara (o resultado positivo) está relacionada con la probabilidad de sufrir perturbaciones asimétricas, probabilidad que, *ceteris paribus* y en virtud de la tendencia a la semejanza de las estructuras productivas, al previsible aumento del comercio intraindustrial y a la (potencialmente) escasa presencia de efectos de aglomeración, parece que puede ser menor en el ámbito de la UME que fuera de él, lo que resultará beneficioso para todas las comunidades autónomas. El aspecto negativo (o la cruz) del análisis viene dado, por el contrario, por el hecho de que, en el caso de que tales perturbaciones asimétricas se produzcan, las regiones no contarán con los instrumentos de ajuste necesarios (en forma de flexibilidad salarial, movilidad laboral o presupuesto centralizado) para enfrentarse a las mismas. En consecuencia, y a salvo de posibles actuaciones por el lado de la oferta (que tienen escasa eficacia a corto plazo), los necesarios ajustes se producirán en términos de cantidades, con previsibles reducciones de la producción y/o del empleo; naturalmente, ésta es una circunstancia que, además de ser negativa en sí misma, puede acarrear (dependiendo de qué regiones se vean afectadas negativamente por las perturbaciones) un aumento de las disparidades regionales.

En todo caso, y considerando conjuntamente los potenciales efectos benéficos y perjudiciales de la UME creemos necesario reconocer que es muy difícil concluir qué es lo que ocurrirá con las disparidades regionales en España. Este resultado, que hasta cierto punto puede parecer descorazonador, es, sin embargo, absolutamente lógico, pues, como nos recuerdan Gros y Thygesen (1992) *dada la naturaleza de los costes y beneficios sería totalmente imposible ofrecer una valoración cuantitativa precisa del beneficio (o coste) neto de la UME para cualquier país miembro* y, por tanto, para cualquier región. No obstante, y a modo de síntesis de todo lo expuesto (bien que sólo con un valor muy relativo), hemos elaborado la tabla E.1, en la que —a partir del empleo de algunos de los indicadores examinados en los capítulos anteriores[1]— se establece una ordenación tentativa de las regiones españolas, tanto en relación con el apartado de beneficios como de costes originados por nuestra pertenencia a la UME. En esencia, lo que esta tabla hace no es más que corroborar una intuición bastante difundida en todo tipo de ámbitos, y es que existe un riesgo gran-

---

[1] La ordenación regional en función del criterio de la estructura productiva la hemos realizado siguiendo el procedimiento propuesto por Gros y Thygesen (1992). En concreto, los pasos dados para realizar esta ordenación han sido los siguientes: 1) Hemos calculado la estructura productiva media para cada región; 2) Hemos calculado el R^2 de la regresión lineal entre la estructura productiva de cada región y la correspondiente nacional; 3) El indicador considerado es $(R^2 - 1) \times 100$. A la región que registra el valor más bajo en este indicador —que es la que tiene una estructura productiva más parecida a la media nacional— la hemos situado en el primer puesto del *ranking;* de igual manera se ha procedido con el resto de las regiones.

TABLA E.1

Síntesis de costes y beneficios de la UME (ordenación por comunidades autónomas)				
CC.AA.	Beneficios		Costes	
	Apertura exterior	Competitividad	Estructura productiva	CII
Andalucía	13	16	2	10
Aragón	2	9	1	8
Asturias	14	11	12	15
Baleares	17	3	17	12
Canarias	15	15	10	17
Cantabria	9	10	4	6
Castilla-La Mancha	5	8	6	9
Castilla y León	12	12	8	4
Cataluña	3	2	13	1
C. Valenciana	7	7	5	7
Extremadura	16	14	11	13
Galicia	8	17	15	2
Madrid	6	4	14	11
Murcia	11	13	3	16
Navarra	1	5	9	5
País Vasco	4	1	16	3
Rioja (La)	10	6	7	14

Nota: La ordenación está realizada otorgando el número 1 a la región mejor situada y el 17 a la peor situada.
Fuente: Elaboración propia a partir de las tablas 6.1, 6.2, 6.3, 7.2 y 7.5.

de de que la UME contribuya a ampliar, en lugar de reducir, las disparidades regionales en España; es decir, todo parece indicar que será muy difícil seguir avanzando en los procesos de convergencia regional, tanto si los interpretamos en su versión de convergencia sigma como si lo hacemos en la de convergencia beta.

Aunque esta última conclusión arroja sombras de duda acerca de la conveniencia de integrarse en la UME, no debemos olvidar los efectos benéficos derivados de nuestra pertenencia a la UE. Previsiblemente, estos efectos se verán amplificados tras la constitución de la UME, por lo que si bien es cierto que ésta puede acrecentar las disparidades internas, no lo es menos que también puede contribuir a que las regiones españolas sigan convergiendo hacia los niveles medios de desarrollo imperantes en Europa.

Pese a las evidentes limitaciones que todo estudio prospectivo tiene, seguimos pensando que el aquí realizado (al igual que otros de similares características) es ilustrativo, pues apunta criterios sobre cómo enfocar el tratamiento del problema examinado y ofrece, además, algunos resultados tentativos, en los que habrá que profundizar. Todo ello sin olvidar en ningún momento, claro está, que el futuro lo escribimos entre todos y que depende de nuestra capacidad de imaginación y de reacción el que éste discurra, o no, por derroteros favorables. Es indudable que la UME supone un reto enorme para España y para todas y cada una de las comunidades autónomas; preparación, tenacidad y esfuerzo son las armas con las que podemos hacer que, además de un reto, esta unión monetaria constituya un auténtico hito en la historia económica de las regiones españolas, convirtiéndose en el trampolín que permita nuestra convergencia real con la Europa más desarrollada. En definitiva, el que esto sea así, lo que la UME nos depare, dependerá exclusivamente de nosotros y de la actitud que tomemos ante los nuevos retos. Es precisamente en relación con nuestro propio destino en el seno de la UME que las palabras del matemático, astrónomo y poeta Omar Khayyman, escritas para un contexto radicalmente diferente, nos parecen sintomáticas:

> «Strange, is it not, that a myriads who
> Before us passed the door of Darkness through,
> Not one returns to tell us of the Road
> Which to discover we must travel too.»

ANEXOS

ANEXO 1
La convergencia económica
y sus múltiples caras

Desde que la Unión Europea se planteara, a mediados de los años ochenta, la creación de un mercado único en su ámbito de influencia, las expresiones *cohesión* económica y *convergencia* económica se han utilizado con tanta profusión que han entrado a formar parte de la jerga normalmente empleada al hablar de las disparidades espaciales, tanto por parte de los expertos como de los profanos. Más tarde, la decisión política de constituir una unión monetaria en Europa ha puesto de moda el empleo de los términos *convergencia nominal* y *convergencia real*, lo que no impide que, en ocasiones, se produzca una cierta confusión entre ellos.

La convergencia nominal, entendida de la forma que lo hace la Unión Europea en el Tratado de Maastricht, consiste en el cumplimiento, por parte de los estados miembros, de una serie de condiciones (criterios) necesarias para poder integrarse en la futura unión monetaria[1]. Estos criterios son los siguientes:

1. Estabilidad de precios: La tasa de inflación, medida como la variación anual del IPC, no podrá superar en más de 1,5 puntos a la media de los tres países que la tienen más baja.
2. Los tipos de interés de los bonos gubernamentales a diez años (largo plazo) no podrán sobrepasar en más de 2 puntos porcentuales a la media de los tres países con menor inflación.

---

[1] La racionalidad económica de estos criterios es, cuando menos, objeto de debate. Para una revisión de los distintos puntos de vista teóricos, véase a De Grauwe (1996). Un enfoque menos analítico, pero igualmente instructivo, puede verse en Sevilla (1997).

3. El déficit público no podrá exceder del 3 por 100 del PIB.
4. La deuda pública no podrá sobrepasar el 60 por 100 del PIB.
5. La moneda no debe haber sido devaluada, ni haberse salido de las bandas de fluctuación asignadas en el Sistema Monetario Europeo, al menos durante los dos años anteriores a la incorporación a la unión monetaria.

La evolución experimentada por los países europeos en lo que se refiere al cumplimiento de estos criterios aparece reflejada en la tabla A.1.1. Los datos relativos a 1997, interpretados de forma un tanto flexible, han permitido que once países miembros (todos, menos Grecia, que no cumple los criterios, y Suecia, Reino Unido y Dinamarca, que se han autoexcluido) formen el bloque de países que pondrá en marcha la UME propiamente dicha.

Si la convergencia nominal está vinculada al proceso de aproximación entre distintas economías en lo que se refiere al comportamiento de las variables monetarias antes señaladas, la convergencia real, por el contrario, está relacionada con la aproximación de los niveles de desarrollo —en particular de las rentas per cápita— entre esas mismas economías. En todo caso, cuando se trata de hacer operativo el concepto de convergencia real, hay que reconocer que no existe uniformidad en la literatura (véase, entre otros, el trabajo de Baumol et al., 1994), significando el mismo cosas distintas para autores distintos. En esencia, tal y como se pone de manifiesto en un trabajo de Villaverde y Sánchez-Robles (1998), una parte del cual se reproduce a continuación[2], las principales interpretaciones del concepto de convergencia real se reducen a dos: la convergencia sigma (σ) y la convergencia beta (β).

«La útil distinción entre los conceptos de β-convergencia y σ-convergencia se introdujo en la literatura a partir del trabajo de Sala-i-Martín (1990).

En general, se afirma que existe β-convergencia en un conjunto de países o regiones si existe una relación inversa entre la tasa de crecimiento de la renta y el nivel de renta inicial. Tradicionalmente se ha considerado una predicción típica de los modelos de crecimiento de corte neoclásico, puesto que la β-convergencia puede justificarse eco-

---

[2] Las referencias bibliográficas mencionadas en los textos que se reproducen en los anexos pueden consultarse en los trabajos originales.

TABLA A.1.1

Comportamiento de los estados miembros respecto a los criterios de convergencia

Países	IPC (% anual)				Tipos de interés a largo plazo (%)				Déficit público (% PIB)				Deuda pública (% PIB)			
	1991	1993	1996	1998	1991	1993	1996	1998	1991	1993	1996	1998	1991	1993	1996	1998
Bélgica	2,9	2,8	1,6	1,5	9,3	7,3	6,7	5,1	6,6	7,4	3,3	2,1	129,5	138,4	130,6	122,2
Dinamarca	2,5	1,4	2,2	2,0	10,1	8,9	7,4	6,4	2,2	4,4	1,4	-1,3	71,7	78,5	70,2	67,0
Alemania	3,8	3,6	1,3	1,7	8,6	6,3	6,3	5,0	3,5	3,8	4,0	2,7	41,9	50,2	60,8	61,3
Grecia	18,4	13,7	8,4	5,4	—	—	15,1	9,9	16,3	15,5	7,9	4,0	—	—	110,6	109,3
España	6,2	4,7	3,8	1,9	12,4	10,2	9,5	5,3	5,2	7,2	4,4	2,6	45,5	55,6	67,8	68,1
Francia	3,0	2,3	2,1	1,3	9,0	6,8	6,6	5,1	2,1	5,9	4,0	3,0	35,5	44,9	56,4	58,0
Irlanda	2,3	2,3	2,1	1,2	9,2	7,7	7,5	5,4	2,0	3,0	1,6	-0,9	95,9	92,9	74,7	66,3
Italia	6,9	4,4	4,7	1,9	13,0	11,3	10,3	5,4	10,2	10,0	6,6	2,7	101,4	115,8	123,4	121,6
Luxemburgo	2,9	3,6	1,3	1,4	8,2	6,9	7,0	5,1	1,0	2,5	0,9	-1,7	6,2	10,0	7,8	6,7
Holanda	3,4	2,1	1,2	1,9	8,9	6,7	6,3	5,0	2,5	4,0	2,6	1,4	79,0	83,1	78,7	70,0
Portugal	11,1	6,7	3,0	2,0	17,1	12,4	9,4	5,3	6,4	8,9	4,0	2,4	67,4	69,5	71,7	61,9
Reino Unido	7,2	3,4	3,0	1,9	9,9	7,9	8,0	7,3	2,7	7,6	4,6	1,9	41,0	53,2	56,3	53,4
Austria			1,7	1,2			6,5	5,7			4,3	2,5			71,7	66,1
Finlandia			0,9	1,2			7,4	5,2			3,3	0,9			61,3	55,8
Suecia			1,6	1,9			8,5	6,8			3,9	1,9			78,1	77,4
Unión Europea				2,7				8,1				3,0				0,0

Fuente: Comisión Europea.

nómicamente apelando a la productividad marginal decreciente en el factor acumulable, el capital. Si se acepta este supuesto, puede concluirse que los países más pobres están en condiciones de crecer más rápidamente gracias a las elevadas tasas de retorno de su stock de capital, de tamaño todavía incipiente. En los países más desarrollados, en cambio, la dotación de capital es mayor y, por consiguiente, su menor productividad marginal da lugar a tasas de crecimiento inferiores.

Existe otra base teórica alternativa a la existencia de rendimientos decrecientes en el capital: la hipótesis del *catching-up* tecnológico[3]. En el supuesto de que sea más barato imitar tecnología ya existente que innovar, los países más atrasados pueden beneficiarse de su atraso relativo y alcanzar a los más ricos. Ésta es la idea desarrollada en los modelos que presentan Grossman y Helpman (1991), Rivera Batiz y Romer (1991) y Barro y Sala-i-Martín (1997), entre otros.

Puede matizarse aún más el concepto de β-convergencia, distinguiéndose entre β-convergencia absoluta, si se supone que los países o regiones convergen al mismo estado estacionario, y β-convergencia condicional, en el caso de que se permita a los países o regiones tender a equilibrios diversos a largo plazo.

En el terreno aplicado, la hipótesis de β-convergencia absoluta se contrasta mediante la estimación de la ecuación:

$$\ln \left(\frac{y_{i,t}}{y_{i,t-1}} \right) = \alpha + \beta \ln (y_{i,t-1}) + u_{i,t}$$

donde $y_{i,t-1}$ e $y_{i,t}$ representan renta (normalmente per cápita) del país o región i-ésimos al principio y al final del período considerado, respectivamente, α es el término constante y $u_{i,t}$ son perturbaciones aleatorias de media cero y varianza constante.

A su vez, la β-convergencia absoluta conlleva dos implicaciones de importancia: en primer lugar, los países más pobres registrarán tasas de crecimiento superiores que los más ricos (efecto tasa); en segundo lugar, los niveles de renta per cápita de las distintas unidades de análisis se aproximarán asintóticamente (efecto nivel).

Puesto que los datos no apoyan la noción de convergencia absoluta, los investigadores han optado por analizar la trayectoria en térmi-

---

[3] El *catch-up*, en sentido estricto, implica acortamiento de distancias por parte de los países más atrasados frente a los más ricos (Baumol et al., 1994). En la práctica, no obstante, este fenómeno se explica habitualmente por medio de la transferencia de tecnología.

nos de convergencia condicional; a tenor de esta última noción, los países más alejados de su estado estacionario crecen más rápidamente, pero a largo plazo las rentas per cápita de estado estacionario pueden diferir. Desde el punto de vista económico, esta última noción suaviza en cierta medida la hipótesis de β-convergencia absoluta: las fuerzas favorables a la convergencia provenientes de la productividad marginal decreciente del capital pueden contrarrestarse por factores institucionales o de política económica, que impiden a un país pobre crecer más rápido que otro más rico, o bien impulsan a una nación más desarrollada a tasas de crecimiento mayores que las registradas por países más atrasados. Siendo esto así, para obtener convergencia en muestras heterogéneas de países es preciso controlar por una serie de factores, que en el análisis econométrico se recogen por medio de variables auxiliares (Baumol, 1994). En este caso, se procede a estimar la ecuación:

$$\ln\left(\frac{y_{i,t}}{y_{i,t-1}}\right) = \alpha + \beta \ln(y_{i,t-1}) + \gamma X_i + u_{i,t}$$

en donde X_i recoge las antedichas variables auxiliares.

Cabe decir que, en general, los resultados econométricos parecen más favorables a esta última versión de la hipótesis de convergencia. Muchos trabajos coinciden en la obtención de una velocidad de convergencia del 2 por 100 anual, aunque algunas estimaciones de datos de panel con efectos fijos sugieren una velocidad mayor (Canova y Marcet, 1995; De La Fuente, 1996).

En cualquier caso, los contrastes empíricos de la β-convergencia condicional no están tampoco exentos de limitaciones, como pueden ser la escasa robustez econométrica de muchas de las variables que se consideran determinantes del crecimiento (la crítica clásica se encuentra en Levine y Renelt, 1992), la selección arbitraria de regresores o el peligro de correlaciones espurias, si las series empleadas en las estimaciones son no estacionarias. Finalmente, la β-convergencia no aporta información sobre si los países de la muestra acortan o no distancias con el líder: en otras palabras, la existencia de β-convergencia condicional en una muestra de países no implica necesariamente que se produzca una homogeneización (Baumol et al., 1994) de los niveles de renta de esas naciones. Para ello es necesario recurrir a un concepto alternativo, la σ-convergencia: se dice que una muestra de países presenta σ-convergencia si la dispersión, medida por la varianza, de la renta per cápita disminuye en el tiempo. Matemáticamente su expresión general viene dada por:

$$\sigma_t^2 = \left(\frac{1}{N}\right) \sum_{i=1}^{N} [\ln(y_{i,t}) - \mu_t]^2$$

donde μ_t representa la media muestral.

Puede demostrarse (Barro y Sala-i-Martín, 1995) que las nociones de β y σ-convergencia están relacionadas entre sí, de manera que la β-convergencia es una condición necesaria pero no suficiente para que se reduzcan las disparidades en el tiempo.»

ANEXO 2
Los clubes de convergencia

Una de las cuestiones que los análisis de convergencia han puesto de relieve de forma más clara es que aunque los países (o regiones) tiendan a su propio estado estacionario, éste no tiene por qué ser el mismo para todos ellos, lo que abre la posibilidad de existencia de distintos clubes de convergencia. El texto que viene a continuación, tomado de un trabajo de Villaverde y Sánchez-Robles (1998), refleja esta cuestión.

«La β-convergencia condicional introduce un grado mayor de flexibilidad en la aproximación teórica al proceso de crecimiento entre los países, al permitir que los estados estacionarios a los que tienden sus economías sean distintos. Una implicación derivada de esta idea es que los países puedan clasificarse en determinados grupos o clubes entre los cuales se produce el proceso de acercamiento, sin perjuicio de que los niveles de renta de diferentes clubes no se aproximen entre sí. En otras palabras, puede subsistir indefinidamente una situación de equilibrios múltiples.

Desde el punto de vista teórico, este tipo de situaciones va normalmente aparejado a la existencia de externalidades o algún otro tipo de no convexidades en la tecnología. La cuestión se discutió ya ampliamente en la década de los años cincuenta, a partir de la aportación seminal de Rosenstein-Rodan (1943) y a las contribuciones de Lewis (1954) y Myrdal (1957). Los economistas del desarrollo, en general, partían de supuestos tales como el dualismo en la estructura económica del país, que genera valores de la productividad marginal diferentes según el sector económico que se considere, y la existencia de economías externas, y concluían en la necesidad de la política activista del gobierno —en la forma, por ejemplo, del *Big Push*– para impulsar la actividad económica y ayudar a superar las denominadas trampas de pobreza[1]. Sus ideas, aunque sugerentes y acertadas en muchos casos, no se incorporaron al acervo de conocimientos compartido por los representantes del *mainstream economics,* puesto que no se formalizaron de acuerdo con los cánones analíticos convencionales (Krugman, 1993). Ahora bien, el giro copernicano que introdujo en la teoría del crecimiento el trabajo de Romer (1986), que empleaba una función de producción con rendimientos crecientes, permitió que algunas de las hipótesis de los economistas del desarrollo se adoptaran dentro de los nuevos modelos que, en la década de 1980 y 1990, se construían en las principales universidades norteamericanas[2]. Cabe destacar como ejemplo representativo el artículo de Murphy, Shleifer y Vishny (1989), que puede considerarse una inteligente reescritura de ciertas ideas de los teóricos del desarrollo en términos formales. Otros ejemplos pueden encontrarse en los trabajos de Xie (1994) —que justifica teóricamente la existencia de equilibrios múltiples en el modelo de Lucas (1988) para unos valores de los parámetros que impliquen unos efectos externos asociados al capital humano lo suficientemente grandes—, Benhabib y Farmer (1994) y Benhabib y Perli (1994).

Asimismo, la combinación de la noción del *catch up* (...) con el término capacidad social de Abramovitz (1986), permite justificar la existencia de clubes de renta. Para Abramovitz, los países atrasados sólo se verán en condiciones de imitar la tecnología avanzada si poseen una mínima base en lo referente a capital humano y estabilidad en sus instituciones. De esta forma, sólo los países de renta media se beneficiarán de las ventajas de imitar tecnología —y, por consiguiente, estarán en condiciones de crecer a tasas más rápidas—, puesto que los más pobres serán incapaces de absorberla y los más ricos procederán, en cambio, a la innovación. Romer (1993) argumenta en la mis-

---

[1] Esta idea y otras similares ejercieron una notable influencia en el modo de ejecutar la política económica en los países del área latinoamericana y, en particular, a las políticas comerciales de orientación al interior. Romer (1993) sugiere que en las recomendaciones de los teóricos del desarrollo latía un condicionante político e ideológico. Sánchez-Robles (1990, 1995) argumenta en la misma línea.

[2] Por esta razón algunos autores (como Elrich, 1990) sostienen que la distinción entre economía del crecimiento y economía del desarrollo, aceptada hasta el decenio de 1970, es cada vez más irrelevante, puesto que una vez que se trabaja con supuestos alternativos a los estrictamente neoclásicos, los modelos elaborados pueden aplicarse tanto a países desarrollados como en desarrollo.

ma línea, introduciendo la importante distinción teórica entre *gaps* de objetos y *gaps* de ideas; un país se enfrenta a un *gap* de objetos si carece de la necesaria infraestructura o si su dotación de capital físico es insuficiente. Por el contrario, el *gap* será de ideas si su limitación se refiere a la falta de conocimiento necesario para generar riqueza.

Desde el punto de vista empírico, diversos estudios han proporcionado evidencia a favor de la existencia de distintos clubes de convergencia en muestras nacionales. Cabe mencionar el trabajo pionero de Baumol y Wolff (1988), que detecta un club de convergencia integrado por las quince naciones más desarrolladas. Con metodologías diferentes proceden Durlauff y Johnson (1996), que subrayan la existencia de cuatro grupos de países, y Quah (1996), que detecta dos clubes de convergencia: los países se polarizan en torno a distribuciones integradas por ricos y pobres, a la par que las rentas medias progresivamente desaparecen. Con respecto a muestras regionales, debe mencionarse el trabajo de Chaterjii y Dewhurst (1996), que apunta a la aparición de clubes de convergencia entre las regiones que componen el Reino Unido.»

ANEXO 3
Las conexiones entre convergencia nominal y convergencia real

Una de las cuestiones más debatidas en los últimos años es la referida a las relaciones que existen entre la convergencia nominal y la convergencia real, centrándose las posiciones, en esencia, en dos extremos: la de quienes opinan que la convergencia real no es posible sin la nominal y la de quienes consideran que el *precio* que hay que pagar para conseguir la convergencia nominal constituye la muestra más evidente de que ésta impide (o dificulta sobremanera) el logro de la convergencia real.

Pues bien, como ocurre casi siempre en economía, las relaciones existentes entre ambos tipos de convergencia son más complejas de lo que indican estas dos posturas, dependiendo las mismas del tipo de perturbaciones que predominen en la economía. El siguiente texto, tomado de Viñals (1994), expresa con claridad y precisión las distintas posibilidades:

«La relación que existe entre la convergencia nominal y la convergencia real se puede ilustrar mediante un sencillo modelo macroeconómico que se representa en el gráfico 8a[1]. En el mismo, los ejes de ordenadas y abscisas representan, respectivamente, los niveles de precios relativos y los niveles de renta relativos. Esto es, conforme nos movemos hacia arriba por el eje vertical, suben los precios españoles en relación con los de la Unión Europea; y conforme nos movemos hacia la derecha en el eje horizontal, sube la renta española en rela-

---

[1] La numeración del gráfico hace referencia a la que tiene en el trabajo original. En nuestro caso es la figura A.3.1.

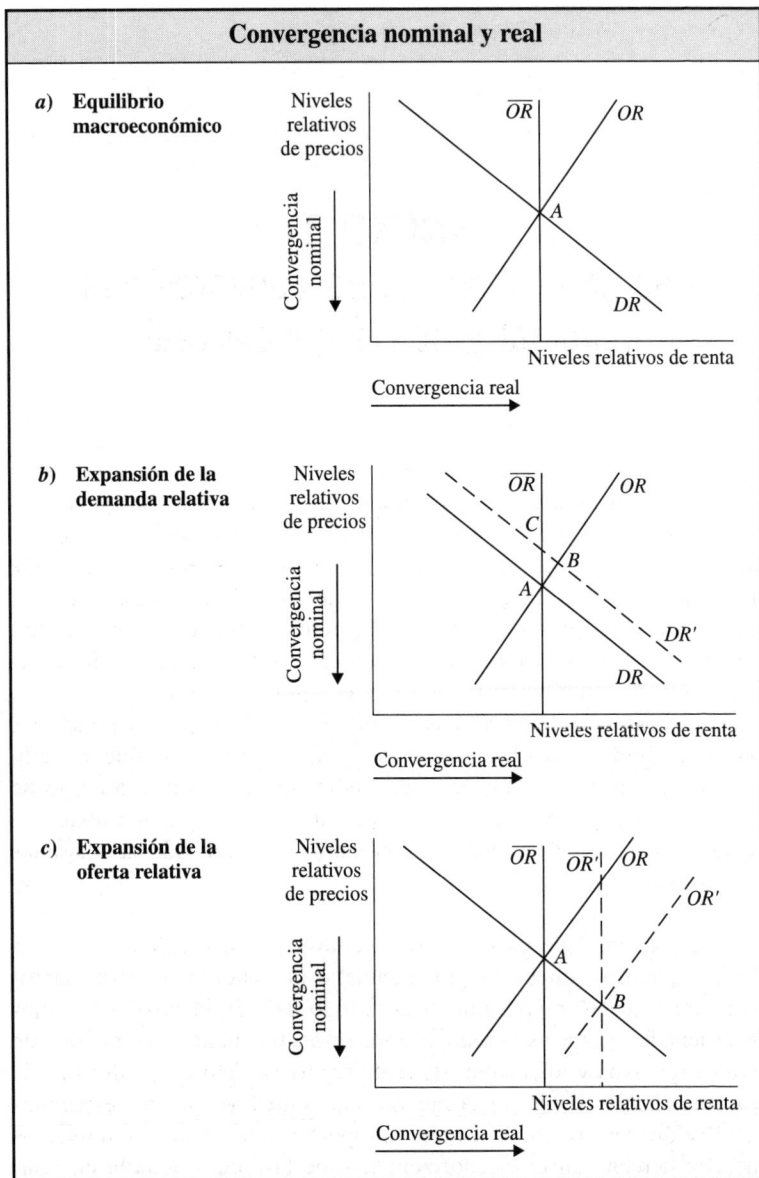

Figura A.3.1

ción con la de la Unión Europea. En otras palabras, si partimos de una situación inicial caracterizada por un diferencial de precios y renta desfavorable a España, los movimientos en la figura en sentido sureste indican una mejora tanto de la convergencia nominal como real.

El equilibrio macroeoconómico se determina a partir de las fuerzas de oferta y demanda. La demanda de bienes españoles en relación con los de la Unión Europea tiende a aumentar conforme se abarata su precio relativo, lo que explica la pendiente negativa de dicha curva (*DR*) en el gráfico. La oferta relativa de bienes españoles en relación con la Unión Europea tiende a aumentar conforme se incrementa su precio relativo, lo que explica la pendiente creciente de la curva (*OR*). Finalmente, la línea vertical ($\overline{OR}$) es la oferta relativa a largo plazo, que define la relación de equilibrio entre las rentas reales. La intersección de las curvas de oferta y demanda relativas con la de largo plazo configura una situación como la definida por el punto *A* en el gráfico, en la que se observa un determinado estado de la convergencia nominal y real.

Ahora bien: ¿cuál es la relación que existe a lo largo del tiempo entre los procesos de convergencia nominal y real?

La respuesta sugerida por el gráfico 8b es que, si predominan las perturbaciones de demanda, la relación tenderá a ser negativa. Supongamos, por ejemplo, que existiese una política expansiva en España que incrementara la demanda relativa para los bienes españoles, lo que se reflejaría en un desplazamiento hacia la derecha de la curva *DR*. A corto plazo, la economía pasaría del punto *A* al punto *B*, evidenciando una efímera mejora de la convergencia real y un empeoramiento de la convergencia nominal. A largo plazo, la economía retornaría al punto *C*, sin ninguna mejora duradera de la convergencia real y con un empeoramiento permanente de la convergencia real respecto de la Unión Europea.

Si, por el contrario, existiesen políticas de oferta que mejorasen la eficiencia relativa del aparato productivo español y, como consecuencia, expandieran las posibilidades productivas del país a largo plazo, esto se reflejaría en el gráfico 8c en un desplazamiento hacia la derecha de las curvas de oferta relativa, tanto a corto (*OR*) como a largo plazo (...). En este caso, la economía pasaría del punto *A* al *B*; esto es, tendría lugar una mejora permanente de la convergencia nominal y de la convergencia real de España respecto de la Unión Europea.

En fin, este sencillo gráfico pone de manifiesto que, cuando las perturbaciones macroeconómicas vienen por el lado de la demanda, solamente se puede avanzar en la convergencia real de manera efímera y a costa de empeorar de forma duradera la convergencia nominal. Por el contrario, cuando se mejoran las condiciones de oferta, se puede progresar simultánea y permanentemente, tanto en el ámbito de la convergencia nominal como en el de la convergencia real. Finalmente, la conjunción de políticas de demanda orientadas a mantener una senda de crecimiento no inflacionista y de políticas de oferta orientadas a mejorar el potencial productivo, constituye el mejor instrumento para progresar, simultáneamente y de forma duradera, en la convergencia nominal y en la convergencia real.

Por tanto, el análisis precedente tiende a confirmar que la relación entre convergencia nominal y real puede ser de complementariedad si se instrumentan las políticas de estabilidad y reformas estructurales adecuadas. Y que, por el contrario, los procesos de convergencia nominal y real se pueden ver obstaculizados cuando se llevan a cabo políticas monetarias y fiscales de carácter expansivo y cuando existen rigideces estructurales que limitan la eficiencia del aparato productivo.»

BIBLIOGRAFÍA

Abraham, F. (1996): «Regional adjustment and wage flexibility in the European Union», *Regional Science and Urban Economics*, núm. 1, págs. 51-75.

Abraham, F. y Van Rompuy, P. (1995): «Regional convergence in the European Monetary Union», *Papers in Regional Science*, núm. 2, págs. 125-142.

Ahijado, M. (1998): *La Unión Económica y Monetaria Europea: Mitos y realidades,* Pirámide, Madrid.

Alberola, E. (1998): «España en la Unión Monetaria. Una aproximación a sus costes y beneficios», Banco de España, *Estudios Económicos,* núm. 62.

Andrés, J., Dolado, J., Sebastián, M. y Zabalza, A. (1990): «The influence of demand and capital constraints on Spanish unemployment», en Bean y Drèze, *Europe's unemployment problem,* MIT Press.

Andrés, J. y García, J. (1990): «La persistencia del desempleo en España», en Velarde, García Delgado y Pedreño (eds.), *La industria española. Recuperación, estructura y mercado de trabajo,* Economistas Libros, Madrid.

Bajo, O., Rabadán, I. y Salas, R. (1997): «La flexibilidad regional de los salarios en España», IV Encuentro de Economía Pública, Pamplona.

Bajo, O. y Vegara, D. (1995): *España ante la Unión Económica y Monetaria: Algunas reflexiones sobre la necesidad de una política fiscal a nivel europeo,* Instituto de Estudios Fiscales, Papeles de Trabajo 1/95.

Baumol, W., Nelson, R. y Wolff, E. (1994): *Convergence of productivity. Cross-national studies and historical evidence,* OUP, Nueva York.

Bayoumi, T. y Eichengreen, B. (1992): «Shocking aspects of European Monetary Unification», CEPR, *Discussion Paper*, núm. 643.

Bayoumi, T. y Masson, P. (1994): "Fiscal flows in the United States and Canada: Lessons for monetary union in Europe", CEPR, *Discussion Paper,* núm. 1057.

Bentolila, S. (1992): «Migración y ajuste laboral en las regiones españolas», Banco de España, *Documento de Trabajo*, núm. 9204.

Bentolila, S. (1996): «Sticky labor in Spanish regions», Banco de España, *Working Paper*, núm. 9616.

Carrera, G. y Villaverde, J. (1998): «Unión Monetaria Europea, comercio intraindustrial y regiones españolas: una primera aproximación», *Cuadernos de Información Económica*, núm. 131, págs. 50-56.

Carreras, A. (1990): «Fuentes y datos para el análisis regional de la industrialización española», en Nadal y Carreras, *Pautas regionales de la industrialización española (siglos XIX y XX)*, Ariel, Barcelona.

Cohen, D. y Wyplosz, Ch. (1989): «The European Monetary Union: An Agnostic Evaluation», CEPR, *Discussion Paper*, núm. 306.

Cuadrado, J. (dir.) (1990): «El crecimiento regional español ante la integración europea», Instituto de Estudios de Prospectiva, Ministerio de Economía y Hacienda, Madrid.

Chatterji, M. y Dewhurst, J. L. (1996): «Convergence clubs and relative economic performance in Great Britain», *Regional Studies*, núm. 30, páginas 31-40.

Decressin, J. y Fatás, A. (1995): «Regional labour market dynamics in Europe», *European Economic Review*, vol. 39, págs. 1627-1655.

De Grauwe, P. (1996): «The economics of convergence: Towards monetary union in Europe», *Wiltwirtschaftliches Archiv*, núm. 1, págs. 1-27.

De Grauwe, P. (1997): *The economics of monetary integration*, OUP, Oxford.

De Grauwe, P y Vanhaverbeke, W. (1993): «Is Europe an optimun currency area?: evidence from regional data», en P. Masson y M. Taylor (eds.), *Policy issues in the operation of currency unions*, CUP, Cambridge.

De la Dehesa, G. (1992): «Las consecuencias regionales de la Unión Económica y Monetaria», *Información Comercial Española*, núm. 710, páginas 43-70.

De la Fuente, A. (1996): *On the sources of convergence: A close look at the Spanish regions*, Mimeo, Instituto de Análisis Económico, Barcelona.

De la Fuente, A. y Vives, X. (1994): *Education, infraestructure and regional policy: Evidence from Spain and implications for regional policy*, Instituto de Análisis Económico, WP 278.94.

Dolado, J., Malo de Molina, J. L. y Zabalza, A. (1986): «Spanish industrial unemployment: some explanatory facts», *Economica*, 53, págs. 313-334.

Eichengreen, B. (1993): «Labor markets and European monetary unification», en P. Masson y M. Taylor (eds.), *Policy issues in the operation of currency unions*, CUP, Cambridge.

Emerson, M., Gros, D., Italianer, A., Pisani-Ferry, J. y Reichenbach. H. (1992): *One market, one money*, OUP, Oxford.

Esteban, J. M. y Vives, X. (dirs.) (1994): *Crecimiento y convergencia regional en España y Europa*, Instituto de Análisis Económico, Barcelona.

Faini, R. (1995): «Discussion» de «Infraestructure and education as instruments of regional policy: evidence from Spain», de A. de la Fuente y X. Vives, *Economic Policy*, 20, págs. 43-45.

García, B. (1997): «Distribución de renta, crecimiento y convergencia regional en España», Tesis Doctoral, Universidad Complutense de Madrid.

García, B., Raymond, J. L. y Villaverde. J. (1995): «Convergencia de las provincias españolas», *Papeles de Economía Española*, núm. 64, págs. 38-53.

Gros, D. y Thygesen, N. (1992): *European Monetary Integration: From the European Monetary System towards Monetary Union,* Longman, Londres.

Grubel, H. G. y Lloyd, P. J. (1975): *Intra-industry trade: the theory and measurement of international trade in differentiated products,* Macmillan, Londres.

Jimeno. J. y Bentolila, S. (1995): «Regional unemployment persistence», FEDEA, *Documento de Trabajo,* 95-09.

Kenen, P. (1969) «The theory of optimun currency areas: An eclectic view», en R. Mundell y A. Swoboda (eds.), *Monetary Problems of the International Economy,* Chicago University Press, Chicago.

Krugman, P. (1990): «Policy problems of a monetary union», en P. de Grauwe y L. Papademos (eds.), *The European Monetary System in the 1990s,* Longman, Londres.

Krugman, P. (1991): *Geography and trade,* MIT Press, Cambridge, Mass.

Lorente, J. R. (1993): «La dispersión geográfica de los salarios», I Simposio sobre igualdad y distribución de la renta y la riqueza, *Desequilibrios interregionales,* vol. IX, Fundación Argentaria, págs. 75-89.

Markusen, J. R. (1983): «Factor movements and commodity trade as complements», *Journal of International Economics*, 14, págs. 341-356.

Martín Rodríguez, M. (1993): «Evolución de las disparidades económicas regionales: una perspectiva histórica», en García Delgado (dir.), *España. Economía,* Espasa Calpe, Madrid.

Martin, R. (1997): «Regional unemployment disparities and their dynamics», *Regional Studies*, núm. 3, págs. 237-252.

Mas, M., Maudos, J., Pérez, F. y Uriel, E. (1995): «Public capital and convergence in the Spanish regions», *Entrepeneurship and Regional Development,* núm. 4, págs. 309-327.

McKinnon, R. (1963): «Optimum currency areas», *American Economic Review*, 53, págs. 717-725.

Mundell, R. (1961): «A theory of optimal currency areas», *American Economic Review*, 51, págs. 657-665.

Muns, J. (dir.) (1997): *España y el euro: riesgos y oportunidades,* La Caixa, Barcelona.

Myro, R. y Perelli, O. (1996): «Convergencia regional y flexibilidad de precios», *Información Comercial Española*, núm. 756, págs. 89-101.

Ottaviano, G. y Puga, D. (1997): «Agglomeration in the global economy: A survey of the "New Economic Geography"», CEPR, *Discussion Paper,* núm. 1.699.

Pérez, F., Goerlich, F. y Mas, M. (1996): *Capitalización y crecimiento en España y sus regiones, 1955-1995,* Fundación BBV, Madrid.

Pissarides, C. y McMaster, I. (1990): «Regional migration, wages and unemployment: empirical evidence and implications for policy», *Oxford Economic Papers,* vol. 42, págs. 812-831.

Raymond, J. L. (1995): «Convergencia real de España con Europa y disparidades regionales en España», en *Problemas económicos españoles en la década de los 90* (varios autores), Galaxia Gutenberg, Madrid, págs. 518-552.

Raymond, J. L. y García, B (1994): «Las disparidades en el PIB per cápita entre las comunidades autónomas y la hipótesis de convergencia», *Papeles de Economía Española,* núm. 59, págs. 37-58.

Raymond, J. L. y García, B. (1996): «Distribución regional de la renta y movimientos migratorios», *Papeles de Economía Española,* núm. 67, páginas 185-201.

Ródenas, C. (1994): «Migraciones interregionales en España (1960-1989): Cambios y barreras», *Revista de Economía Aplicada,* núm. 4, págs. 5-36.

Sala-i-Martín, X. y Sachs, J. (1992): «Fiscal federalism and optimum currency areas: evidence for Europe from the United States», en Canzoneri, Grilli y Masson (eds.), *Establising a central bank: issues in Europe and lessons from the US,* CUP, Cambridge.

Scott, B. (1985): «US competitiveness», en Scott y Lodge (eds.), *US competitiveness in the world economy,* Harvard Bussiness School Press, Boston.

Sevilla, J. (1997): *La economía española ante la moneda única,* Debate, Madrid.

Tortella, G. (1994): *El desarrollo de la España contemporánea. Historia económica de los siglos XIX y XX,* Alianza Editorial, Madrid.

Velasco, R. (1997): *Consecuencias regionales de la Unión Monetaria Europea,* Mimeo, Fundación Argentaria, Madrid.

Villaverde, J. (1996a): «Desigualdades provinciales en España, 1955-1991», *Revista de Estudios Regionales,* núm. 45, págs. 89-108.

Villaverde, J. (1996b): «Impacto de la producción y la productividad sobre el empleo. Una aplicación del análisis shift-share a las regiones españolas», *Papeles de Economía Española,* núm. 67, págs. 202-221.

Villaverde, J. (1996c): «Interprovincial inequalities in Spain», *European Urban and Regional Studies,* núm. 4, págs. 339-346.

Villaverde, J. (1997a): «Las regiones españolas ante la UME», en *En defensa de la libertad* (homenaje a Víctor Mendoza), Instituto de Estudios Económicos, Madrid, págs. 577-587.

Villaverde, J. (1997b): «Las regiones españolas y la convergencia real con Europa: evolución y perspectivas», *Cuadernos de Información Económica,* núms. 120-121, págs. 147-158.

Villaverde, J. (1997c): *Convergencia regional y unión monetaria. ¿Dónde estamos? ¿Adónde vamos?* Servicio de Publicaciones de la Universidad de Cantabria.

Villaverde, J. y Pérez, P. (1996): «Los ejes de crecimiento de la economía española: desarrollo local y disparidades regionales en España», *Papeles de Economía Española*, núm. 67, págs. 63-80.

Villaverde, J. y Sánchez Robles, B. (1998): *Convergence clubs in Spain: 1955-1995*, 45th International Atlantic Economic Conference, Roma.

Viñals, J. (1994): «¿Es posible la convergencia en España? En busca del tiempo perdido», Banco de España, *Documento de Trabajo*, 9430.

Williamson, J. (1965): «Regional inequality and the process of regional development: a description of the patterns», *Economic Development and Cultural Change*, núm. 4, págs. 3-45.

TÍTULOS DE LA COLECCIÓN